Este livro divertido e instigante revela a anatomia oculta do processo de criação e oferece exemplos notáveis de como você poderá aplicar a criatividade em tudo o que fizer.

NUMA GRANDE VIAGEM de criatividade ao redor do mundo, exploramos as idéias de pensadores pioneiros — como Howard Gardner, da Universidade de Harvard, cuja teoria das "inteligências múltiplas" vem revolucionando a maneira com que ensinamos nossos filhos, e vislumbramos os segredos dos mestres Zen japoneses, que praticam a "mente vazia", um estado místico de trabalho criativo altamente concentrado, porém sem esforço. Na Califórnia e na Suécia, encontramos empresários arrojados que rompem com as regras dos negócios e permitem aos trabalhadores serem criativos. Uma visita à Itália leva-nos a uma das melhores pré-escolas do mundo, onde *"niente senza gioia"* — "nada sem alegria" — é o lema e onde os alunos criam extraordinárias pinturas originais, fulgurantes, de cores puras e formas fantásticas. Em comunidades do Texas à cidade de Nova York, de Quioto a Estocolmo, observamos os meios engenhosos e ousados que as pessoas utilizam na tentativa de melhorar suas vidas — sendo a criatividade a ferramenta mais eficiente de que dispõem.

**Para Maxwell e Julia Kaufman, que possibilitaram
a muitos outros viverem vidas criativas.**

Título original: *The Creative Spirit.*

Copyright © 1992 Alvin H. Perlmutter, Inc.

Copyright da edição brasileira © 1998 Editora Pensamento-Cultrix Ltda.

6ª edição 2012.

Publicado mediante acordo com Dutton Signet, uma divisão da Penguin Books, USA, Inc.

Todos os direitos reservados. Nenhuma parte deste livro pode ser reproduzida ou usada de qualquer forma ou por qualquer meio, eletrônico ou mecânico, inclusive fotocópias, gravações ou sistema de armazenamento em banco de dados, sem permissão por escrito, exceto nos casos de trechos curtos citados em resenhas críticas ou artigos de revistas.

A Editora Cultrix não se responsabiliza por eventuais mudanças ocorridas nos endereços convencionais ou eletrônicos citados neste livro.

Direitos de tradução para a língua portuguesa
Adquiridos com exclusividade pela
EDITORA PENSAMENTO-CULTRIX LTDA.
Rua Dr. Mário Vicente, 368 – 04270-000 – São Paulo, SP
Fone: (11) 2066-9000 – Fax: (11) 2066-9008
E-mail: atendimento@editoracultrix.com.br
http://www.editoracultrix.com.br
que se reserva a propriedade literária desta tradução.
Foi feito o depósito legal

Agradecimentos

ESTE LIVRO inspira-se em entrevistas com participantes da série de televisão "The Creative Spirit" [O Espírito Criativo]. Agradecemos a todos eles. Temos um débito especial para com Lisa Sonne, cuja pesquisa ajudou a definir o objetivo intelectual da série e que se tornou um de seus produtores. Agradecemos, em particular, aos membros da equipe de produção que ajudaram a definir o conteúdo da série, desenvolvendo argumentos e elementos cênicos: Catherine Tatge, Sunde Smith, Anne-Marie Cunniffe, Anne Hansen e John Andrews. Os especialistas em animação, Chuck Jones e John Canemaker, contribuíram generosamente com sua arte e humor tanto para os programas quanto para o livro.

A organização e direção de todo o projeto *Creative Spirit* valeram-se da experiência e acuidade do produtor-executivo Alvin H. Perlmutter. A colaboração da IBM foi essencial para dar à série e ao livro seu alcance e sabor internacional. Somos imensamente gratos pelo entusiástico apoio de Arlene Wendt, Bill Harrison, Cal LaRoche e Michael Gury.

Muito devemos à contribuição de Howard Gardner, Teresa Amabile, Mike Csikszentmihalyi, Kenneth Kraft, Benny Golson, Jim Collins, James Parks Morton, Dori Shallcross, Hisashi Imai, Loris Malaguzzi, Tiziana Filipini, Jan Carlzon, Anita Roddick, Rolf Osterberg, Herman Maynard, Wayne Silby, Sheridan Tatsuno, Dee Dickinson, Tara Bennett Goleman, Jennifer e Karen Kaufman, Kathleen Speeth e Kenneth Dychtwald.

Devemos muito também a Linda e Valerie Jones por nos ceder, temporariamente, este personagem incansável, o sr. Grandes Idéias em pessoa: Wile E. Coyote.

Por sua inspirada e paciente colaboração no projeto gráfico e produção do livro, agradecemos a Hans Teensma, Ginger Barr Heafey, Al Crane e Jeff Potter.

Finalmente, agradecemos a Rachel Klayman, nossa editora, cuja criatividade e zelo foram absolutamente imprescindíveis para a redação e a produção deste livro.

SUMÁRIO

AGRADECIMENTOS 5

CAPÍTULO 1 Por Dentro da Criatividade 9

ANATOMIA DO MOMENTO CRIATIVO 14
Preparando o Caminho — Incubação — Devaneio — Iluminação

GRANDES VISÕES, QUARTOS MINÚSCULOS 20
A criatividade é análoga à liderança — Somos criativos em X — C maiúsculo e c minúsculo — Refogado de criatividade — Afinidade e persistência — A criatividade não tem idade

VIDAS E TÁTICAS CRIATIVAS 30
Seja engenhoso — A arte de ouvir — Como aprender com o risco — Agir como um coiote? — A ansiedade é a serva da criatividade

COMO EXPANDIR A CRIATIVIDADE 40
Fluxo: o momento branco — Mente vazia — A mente é como a água — A mente de uma criança

CAPÍTULO 2 A Criatividade na Criança 47

COMO ALIMENTAR A CRIATIVIDADE 52
Os assassinos da criatividade — Os méritos do rabisco — Crianças não são adultos em miniatura — Prazer, não pressão — A atmosfera do lar

INTELIGÊNCIA: UMA VISÃO REVOLUCIONÁRIA 64
As sete inteligências — Bem-vindos, aprendizes

ESCOLAS ALEGRES QUE FUNCIONAM 72
Criatividade — Estilo italiano — Muito além do boletim

MUSEUS DA CRIANÇA 80
De onde vem o leite? Da embalagem, é claro — Linguagem e espaço

ODISSÉIA DA MENTE 84
Além do certo e do errado — Nada menos que "grande"

Capítulo 3 A Criatividade no Trabalho   87

REFORMA DO AMBIENTE DE TRABALHO   91
Da máquina ao organismo — O que podemos fazer — Mulheres e homens pioneiros

ALÉM DA HIERARQUIA   100
Designação de cargo: Leonardo da Vinci — Participação nos resultados — Pequeno é melhor — Subir juntos — O líder como provocador — Adaptar-se para sobreviver — Abelhas-operárias e abelhas-exploradoras

UM PORTO SEGURO PARA AS IDÉIAS   112
Como vencer a negatividade — Tente ser positivo — Valorize a intuição — O risco está no olho do observador — Um salto de fé

MAIS QUE UM EMPREGO   119
Nuvens no piso — Como uma família — Um balanço diferente

Capítulo 4 Criação da Comunidade   127

UMA INTERDEPENDÊNCIA NATURAL   131
A balada de Oak Creek Canyon — Salvamento de uma floresta tropical

O ALÍVIO DO SOFRIMENTO   135
Avance: uma forma de reacender a esperança — Altruísmo criativo: do Nepal ao Brasil — Mais que os negócios de sempre

COMUNHÃO DO SAGRADO COM O PROFANO   142
Diante da pedra — Uma comunidade simbiótica

PROMOÇÃO DE UM RENASCIMENTO GLOBAL DE CRIATIVIDADE   149
Cidadãos do Monolito, rebelai-vos!

CAPÍTULO 1

Por dentro da criatividade

Em toda obra de gênio, reconhecemos nossas próprias idéias rejeitadas.

— Ralph Waldo Emerson

Isto já aconteceu com você?

Você saiu para correr, está completamente descontraído, com o espírito tranqüilo.

Eis que, de súbito, ocorre-lhe a solução de um problema que vinha remoendo há dias ou semanas. Você, então, se pergunta por que não pensou naquilo antes...

Nesses momentos, entramos em contato com o espírito criativo, essa musa esquiva das boas — e, às vezes, grandes — idéias. O espírito criativo é mais que um lampejo ocasional ou um desabrochar da fantasia; quando ele desperta, anima toda uma maneira de ser: uma vida repleta de desejo de inovar, de explorar novas formas de fazer as coisas, de transformar sonhos em realidade.

Não importa quem você seja, o espírito criativo pode entrar na sua vida. Está à disposição de qualquer um que se disponha a ousar, explorar novas possibilidades, melhorar as coisas. Ele estava atuante, por exemplo, na vida de Martin Luther King Jr., cuja visão e tática social não-violenta mudaram a nação americana. E estava atuante ao longo da vida de Martha Graham, que continuou a transformar a dança moderna até morrer, aos 96 anos de idade. No entanto, esse espírito também se manifesta no cozinheiro afoito que continuamente inventa novas receitas ou no professor inspirado que descobre novos meios de instigar os seus alunos.

Os momentos criativos são importantes para tudo o que fazemos, em todas as esferas da vida: relacionamentos, família, trabalho, comunidade. Neste capítulo, examinaremos a anatomia do momento criativo e investigaremos a essência da criatividade.

Ao adotar uma nova postura em relação ao que fazemos — e essa nova postura funciona —, usamos a nossa criatividade. Quando vamos além das formas tradicionais de resolver problemas, obtendo um sucesso capaz de influenciar outras pessoas, nossa criatividade assume uma dimensão social importantíssima.

Neste capítulo, conheceremos pessoas que encarnam a paixão, a persistência e o humor; pessoas que trazem à vida o espírito criativo. São elas, entre outras:

• **Jim Collins**, cujos ensinamentos na Escola Superior de Administração de Stanford devem muito às lições que aprendeu como alpinista intrépido e de alto nível.

Por Dentro da Criatividade

• **D̲r̲a̲ Alexa Canady**, neurocirurgiã pediátrica que encontrou meios criativos de ouvir seus pacientes e aprender com eles.

• **Paul MacCready**, o fértil inventor que construiu o "Gossamer Condor" — primeiro aeroplano bem-sucedido no mundo movido pela força humana —, após questionar alguns postulados básicos do desenho aeronáutico.

• **Chuck Jones**, o lendário desenhista de Pernalonga, Wile E. Coyote e Patolino, para quem temer o "dragão" da ansiedade é a mola necessária da criatividade.

Nas páginas deste livro, veremos o que os pais devem fazer para ajudar os filhos a descobrir interesses nascentes que podem transformar-se numa vida inteira de entusiasmo, evitando os "assassinos da criatividade", que embotam a imaginação fértil da criança. Viajaremos à Itália, para visitar uma das melhores pré-escolas do mundo, e a uma escola primária de Indianápolis criada para expor os alunos a uma série de projetos criativos que vão muito além do limitado currículo escolar tradicional. E veremos como uma olimpíada de criatividade para estudantes desafia e motiva os participantes numa competição saudável.

Em seguida, visitaremos empresas pioneiras pelo mundo afora que descobriram meios fascinantes de estimular a criatividade de seus funcionários. Uma companhia sueca livrou-se das designações restritivas de cargo, da gerência hierárquica e dos segredos financeiros. Seu objetivo: colocar nas mãos dos empregados a responsabilidade final pelas inovações e soluções de problemas. Uma empresa da Califórnia oferece creches em suas próprias instalações e um ambiente mais caseiro para reduzir o estresse. A teoria: funcionários que podem ver seus filhos a qualquer instante vão se preocupar menos e ser mais felizes, empenhando-se mais no serviço. Uma empresa do Yowa leva seu pessoal para uma corrida de obstáculos no campo, na certeza de que, de volta ao trabalho, todos terão aprendido a confiar uns nos outros e a assumir riscos criativos.

Examinaremos, depois, alguns modos pelos quais as pessoas, no mundo inteiro, estão usando seu espírito criativo para encontrar respostas inovadoras às prementes necessidades humanas. Em busca de altruísmo criativo, depararemos com um grupo de mulheres hispânicas, no Texas, que se uniram para criar suas famílias. Uma companhia japonesa de tecnologia de ponta vale-se dos recursos da robótica para que pessoas com graves deficiências físicas possam trabalhar. Crianças suecas montam feiras no interior e compõem canções para coletar dinheiro e salvar uma floresta tropical da Costa Rica. A fim de combater a pobreza e o abandono, uma igreja urbana ensina membros da comunidade a tornarem-se bons cortadores de pedras.

Finalmente, analisaremos como a nossa sociedade poderá promover um Renascimento universal de criatividade. Visitaremos o Deserto do Arizona para comprovar a tese estimulante de que o segredo de nosso renascimento criativo pode ser encontrado na própria Natureza.

Ao longo destas páginas, brotam sugestões sobre a maneira de permitir que o espírito criativo penetre em nossas vidas — inclusive exercícios para calar aquela apavorante voz interior da autocrítica e despertar a fantasia e a intuição.

Anatomia do Momento Criativo

PREPARANDO O CAMINHO

VOLTEMOS À sua corrida.

Aquela fagulha de inspiração, aquele instante em que você resolveu um problema que o vinha torturando há semanas é o ponto final de um processo assinalado por etapas distintas. O matemático francês do século XIX, Henri Poincaré — que descobriu subitamente a solução de um difícil problema que vinha remoendo nas férias —, foi um dos primeiros a propor aquilo que ainda é visto como os passos básicos para a solução criativa de problemas.

> "Você tem de estar com o trabalho e o trabalho tem de estar com você. Ele o absorve totalmente enquanto é absorvido por você."
> — Louise Nevelson, escultora

A primeira etapa é a preparação, quando você mergulha no problema e investiga qualquer dado que possa ser relevante. Então, sua imaginação voa livremente e você se abre para tudo que, mesmo de modo vago, diz respeito ao problema. A idéia é reunir uma ampla série de dados, de modo que elementos inusitados e improváveis comecem a justapor-se por si mesmos. Aqui, é absolutamente necessário ser receptivo e saber ouvir.

Isso é mais fácil de dizer que de fazer. Estamos habituados ao nosso modo mundano de pensar em soluções. Os psicólogos chamam a armadilha da rotina de "fixidez funcional": vemos apenas a forma óbvia de encarar um problema, o que é a mesma atitude cômoda com que sempre refletimos a respeito. O resultado é, às vezes, jocosamente denominado "psicoesclerose" — um endurecimento de atitudes.

Outro obstáculo à coleta de novos dados é a autocensura; aquela voz interior de julgamento que confina nosso espírito criativo aos limites que consideramos aceitáveis. É essa voz que nos sussurra: "Vão pensar que sou louco", "Isso nunca vai funcionar" ou "É óbvio demais".

Podemos aprender a reconhecer essa voz de julgamento e ter coragem de repelir seus maus conselhos. Lembre-se do que disse Mark Twain: "O homem com uma idéia nova é um excêntrico até essa idéia obter sucesso".

À etapa de preparação, podemos acrescentar outra, a qual, por ser muito incômoda, costuma ser desdenhada: a frustração. A frustração surge quando a mente racional, analítica, buscando laboriosamente uma resposta, atinge o limite de sua capacidade. Jim Collins, de Stanford, que ensina criatividade a alguns dos melhores jovens empresários do mundo, diz: "Se você conversar com pessoas que realmente fizeram coisas criativas, elas lhe falarão sobre as longas horas, a angústia, a frustração, toda a preparação antes que algo acontecesse e se desse um grande salto para a frente. Não poderiam dar grandes saltos sem esquentar os miolos".

Embora ninguém goste de frustração e desespero, pessoas que preservam sua criatividade pela vida afora conseguem aceitar os períodos de angústia como partes necessárias do processo criativo total. Reconhecer que existe uma "escuridão inevitável antes da aurora" ajuda de muitas maneiras. Quando vemos a escuridão como o prelúdio necessário à luz criativa, provavelmente não atribuímos a frustração à incapacidade pessoal nem a classificamos de "má". Essa visão mais positiva da ansiedade pode alimentar uma maior boa vontade em continuar tentando resolver um problema, a despeito da frustração. Dado que há provas de que as pessoas muitas vezes fracassam não porque os problemas sejam insolúveis, mas porque elas desistem antes do tempo, a persistência deve ser encarada como um dos nossos mais poderosos aliados. Todavia, sucede, às vezes, que o mais avisado curso de ação seja a cessação de todos os esforços. Nesse momento, a mente racional "rende-se" ao problema.

INCUBAÇÃO

DEPOIS DE EXAMINAR minuciosamente todas as peças relevantes e forçar a mente ao máximo, você poderá deixar o problema "cozinhar em fogo brando". Essa é a etapa da incubação, quando você digere aquilo que reuniu. Se a preparação exige trabalho ativo, a incubação é mais passiva: boa parte do que acontece, fora de sua consciência atenta, no inconsciente. Como se diz, você "dorme sobre o problema".

Embora você possa, de tempos em tempos, arrancar o problema dessa zona mental crepuscular e concentrar nele toda a sua atenção, a mente continua a buscar respostas, esteja você pensando ou não conscientemente no assunto. Com efeito, a resposta pode chegar em sonho, naquele estado de sonolência que antecede o sono profundo ou quando você desperta pela manhã.

Não raro, subestimamos o poder da mente inconsciente. Ela, porém, presta-se melhor à percepção criativa do que a mente consciente. Nela não existem julgamentos de autocensura; as idéias são livres para combinar-se com outras em padrões novos e associações imprevisíveis numa espécie de fluidez promíscua.

Outro aspecto valioso da mente inconsciente é ser ela o depósito de tudo o que sabemos, inclusive aquilo que não podemos trazer prontamente à consciência. Os cientistas que pesquisam o conhecimento, isto é, que estudam como a informação transita pelo cérebro, ensinam que toda lembrança é inconsciente até tornar-se consciente, e que apenas uma pequena fração do que a mente absorve — menos de 1% — chega à esfera da consciência plena. Nesse sentido, a mente

RUMO À ESCURIDÃO

"As pessoas criativas aceitam o risco", afirma Benny Golson, músico e compositor de *jazz*. "O homem criativo sempre dá dois passos na escuridão. Todos podem ver o que está na luz: podem imitá-lo, realçá-lo, modificá-lo, reformá-lo. Os verdadeiros heróis, porém, mergulham na escuridão do desconhecido.

É então que descobrimos 'outras coisas'. E digo outras coisas porque quando coisas novas são descobertas, ainda não têm nome e, freqüentemente, desafiam as descrições — como um bebê recém-nascido. O bebê não tem nome, desafia a descrição, é enrugadinho. Parece-se com o vovô, mas só tem um dia de idade. É parecido com a mamãe, mas também lembra um pouco o papai. No entanto, depois de algum tempo, torna-se bonito e ganha um nome. Muitas vezes nossas idéias são assim, criadas a partir da escuridão. A escuridão é importante — como é importante o risco que a acompanha."

inconsciente é intelectualmente mais rica do que a consciente, pois dispõe de mais dados.

Além disso, o inconsciente nos fala de um modo além das palavras. O que a mente inconsciente conhece inclui os sentimentos profundos e as ricas fantasias que constituem a inteligência dos sentidos. O que a mente inconsciente conhece lembra, não raro, uma experiência de adequação — um pressentimento. A esse tipo de conhecimento damos o nome de intuição.

Nossas intuições recorrem diretamente ao vasto depósito de informações que, para o inconsciente, é um livro aberto — mas está, até certo ponto, fechado para o consciente. Eis por que, por exemplo, os cursos que preparam alunos para o Teste de Aptidão Escolar avisam que, se o candidato "empacar" numa questão, deve optar pela primeira resposta que lhe parecer correta. De fato, estudos experimentais revelam que as primeiras suposições geralmente formam a base para decisões melhores que as obtidas com uma conclusão tirada após a análise racional dos prós e contras. Quando confiamos em nossa intuição, estamos realmente nos voltando para a sabedoria do inconsciente.

DEVANEIO

Ficamos mais receptivos às sugestões da mente inconsciente nos momentos de devaneio, quando não estamos pensando em nada em particular. Por isso, o "sonho acordado" é tão útil na busca da criatividade. A validade de, primeiro, mergulhar no problema e, depois, deixá-lo de lado por algum tempo condiz com a experiência de Paul MacCready, um inventor que encarou desafios criativos, como a construção de um aeroplano movido pela força humana. "É preciso mergulhar no problema e, até certo ponto, ter um bom preparo técnico para começar", diz MacCready. "Em seguida, se o assunto nos interessar, refletir sobre ele nos momentos mais inverossímeis. Talvez não alcancemos a solução e esqueçamos provisoriamente o problema; mas pode suceder, enquanto nos barbeamos, termos de súbito uma boa idéia."

O momento de fazer a barba é, para MacCready, um dos mais criativos: "Temos de nos concentrar apenas o suficiente

Algumas pessoas têm as melhores idéias quando estão no banho.

para não nos distrairmos demais, e muitas vezes nos pilhamos pensando em assuntos desencontrados, achando soluções para alguns desafios diários ou para os grandes projetos que elaboramos".

Todo instante de devaneio é útil para o processo criativo: um banho, uma longa viagem de carro, um passeio tranqüilo. Nolan Bushnell, por exemplo, fundador da companhia Atari, teve a inspiração para um de seus *videogames* mais vendidos enquanto se distraía brincando com areia numa praia.

"As únicas grandes idéias que tive me ocorreram nos momentos de devaneio, mas parece que a vida moderna tenta impedir os homens de devanear", acrescenta MacCready. "A todo instante nossa mente está ocupada e controlada pelos outros. Na escola, no trabalho, diante do televisor — há sempre uma mente alheia vigiando nossos pensamentos. Sair disso é realmente importante. Devemos reclinar-nos na poltrona ou nos sentar ao volante, sem ligar o rádio, deixando que a mente vagueie em liberdade."

Wayne Silby, fundador do Calvert Group, um dos primeiros e maiores fundos de investimento de responsabilidade social, tinha um método mais deliberado de explorar o inconsciente. Uma mudança nas leis bancárias estava prestes a tornar obsoleta a principal ferramenta de investimento utilizada pelo fundo. Se antes um fundo como o Calvert sempre podia recolher depósitos a uma taxa de juros mais elevada do que a de qualquer banco, com essa mudança os bancos também passariam a oferecer o mesmo tipo de investimento. A grande vantagem competitiva do Calvert — e de empresas similares — estava na iminência de desaparecer.

Silby foi então para um tanque de privação sensorial — no qual todos os estí-

"Todas as idéias realmente boas que tive me vieram quando eu estava ordenhando uma vaca."
— Grant Wood, pintor

mulos, sonoros, visuais e outros, são eliminados — a fim de meditar no problema. "Precisamos de um lugar em que a tagarelice mental, os ruídos e juízos da mente sobre o que somos e o que estamos fazendo são silenciados. Assim, conseguimos fazer contato com uma parte mais profunda de nós mesmos, capaz de revelar novos padrões."

No tanque de isolamento, Silby encontrou a solução: um novo instrumento financeiro que permitiria ao Calvert cooperar com os bancos ao invés de competir com eles. Esse instrumento, em suma, dava ao Calvert a possibilidade de canalizar o dinheiro dos investidores para cerca de uma dúzia de bancos que pagavam as mais elevadas taxas de juros. Os clientes obtinham o melhor retorno para seus investimentos, enquanto os bancos pagavam ao Calvert uma taxa extra. Resultado: quase 1 bilhão de dólares aplicados no negócio.

NOTÍCIAS DO
PASSADO CRIATIVO

Bem, o espírito criativo "baixou" novamente, desta vez numa noite fria de 1865. O químico Friedrich Kekulé acabara de descobrir a intrigante estrutura da molécula de benzeno, a maior lacuna que ainda persistia na química orgânica. Kekulé atribuiu sua descoberta — e nós teremos de usar esta palavra outra vez — a um devaneio.

Mr. Kekulé contou que, depois de passar o dia todo pensando sobre o assunto, ele decidiu relaxar um pouco na frente da lareira. Estava ali, contemplando as brasas que flutuavam em padrões circulares, quando, conforme ele mesmo contou, ficou como que paralisado e caiu em devaneios. Meio adormecido, começou a ver as fagulhas dançando na sua frente, como se serpenteassem no ar. De repente, elas formaram um círculo que girava, como uma cobra que mordia a própria cauda. Kekulé contou, então, que acordou num salto, com uma imagem nova e precisa da estrutura da molécula de benzeno: tinha o formato de um anel!

A fórmula de Kekulé para resolver problemas: pense muito sobre o assunto; depois relaxe e deixe a mente entregue aos devaneios.

ILUMINAÇÃO

COM SORTE, a imersão e o devaneio conduzem à iluminação, quando, de repente, a resposta surge como que do nada. É a fase que em geral merece toda a glória e atenção. É o momento longamente desejado e ardentemente perseguido, a sensação do "É isto!".

Mas o pensamento apenas — mesmo que seja uma constatação decisiva — ainda não é um ato criativo. A etapa final é a tradução, quando apanhamos a idéia e a transformamos em ação. Traduzir a iluminação em realidade torna a idéia muito mais que um pensamento fugaz: torna-a útil para nós e para os outros.

Qualquer modelo das etapas do processo criativo não é mais do que uma aproximação rudimentar de um processo na realidade muito fluido e que pode tomar os mais diversos rumos. Um escritor ou artista talvez tenha uma série contínua de iluminações que o guie ao longo de toda a obra, do princípio ao fim. Um inventor talvez descubra que a maior parte de seu trabalho é gasta na preparação e execução — aqueles 99% de gênio que, segundo Edison, são transpiração e não inspiração.

O mais das vezes, no curso de uma criação complexa como escrever uma peça de teatro ou planejar um edifício, o ato criativo é uma longa seqüência de passos, com múltiplas e encadeadas preparações, frustrações, incubações, iluminações e traduções em ação.

Grandes Visões, Quartos Minúsculos

NOSSA VIDA PODE ser preenchida com momentos criativos, independentemente do que fizermos, desde que permaneçamos flexíveis e abertos a novas possibilidades — ansiosos por escapar à rotina. Examinemos as múltiplas faces da criatividade:

• Idéias revolucionárias, como troca de terras por dívidas, que salvam florestas tropicais e ajudam os países pobres; a teoria da relatividade ou o conceito de engenharia genética.

• Gestos criativos de bondade e compaixão: o programa "refeições sobre rodas" que leva alimento aos que não podem sair de casa; as creches; a assistência aos portadores do vírus da AIDS, a estratégia da não-violência de Gandhi.

• Grandes visões de esperança e verdade que apontam o caminho para os outros: a Declaração dos Direitos do Homem, a Oração de Gettysburg, o sermão "Eu tenho um sonho", de Martin Luther King.

• Idéias brilhantes que nos tiram de enrascadas, como calcular o modo de obter mais alguns centímetros de espaço no quarto ou de reservar mais tempo para a ginástica diária, sem prejudicar as outras coisas que fazemos ou gostamos de fazer.

Grandes ou pequenos, cada um desses exemplos ressalta a essência do ato de criação: aquele que é ao mesmo tempo novo e apropriado. Uma inovação difere daquilo que já foi feito antes, mas isso não basta: ela não pode ser apenas bizarra ou excêntrica; tem de "funcionar". Para ser criativa, precisa ser correta, útil, valiosa e significativa.

A expressão cotidiana da criatividade muitas vezes assume a forma de uma abordagem nova de dilemas conhecidos. Diz a Dra Teresa Amabile, psicóloga da Universidade Brandeis e que pesquisa a criatividade: "No trabalho, um chefe às voltas com o mau relacionamento entre dois funcionários pode mostrar criatividade na maneira de lidar com o fato. Pode convidá-los a encarar as coisas sob uma nova perspectiva, colocar um terceiro funcionário para trabalhar com eles ou achar um meio de separá-los fisicamente. Esse não é o tipo de criatividade que ganha o Prêmio Nobel, mas é novo e funciona".

A CRIATIVIDADE É ANÁLOGA À LIDERANÇA

Só A NOVIDADE e a utilidade, porém, não bastam. Uma dimensão importante da criatividade — especialmente o tipo de esforços que influenciam os outros e pelos quais as pessoas se tornam famosas — é o público. O ato criativo possui uma importante dimensão social.

"Ser criativo significa fazer uma coisa antes de tudo incomum", sustenta Howard Gardner, psicólogo do desenvolvimento na Universidade de Harvard. "Mas também importa muito que as outras pessoas a levem a sério apesar da novidade. Ou seja, posso conversar de cabeça para baixo e isso seria incomum; mas, a menos que eu e as outras pessoas achemos essa postura conveniente, não mereço ser chamado de criativo por causa dela."

"Digamos, porém, que descobrisse uma maneira de transmitir o dobro de informações no mesmo período de tempo e fizesse com que as pessoas apreciassem isso: seria um ato criativo. E mesmo que fosse bastante incomum, acabaria se impondo porque é eficaz."

Em suma, o modo como um esforço criativo é recebido faz toda a diferença. Mesmo assim, convém reconhecer que muito da criatividade do mundo ocorre anonimamente, nos momentos de privacidade, apenas pelo

Algumas pessoas têm suas melhores idéias enquanto dirigem.

prazer que proporciona ou pela alegria de utilizar os próprios talentos de uma forma eficiente ou elegante. Um arranjo floral na sala, um poema num diário ou um modelo engenhoso de barco podem exprimir criatividade sem jamais contar com outro público a não ser o autor.

Entretanto, todo ato de criatividade destinado a causar maior impacto precisa de um público apropriado. Na física de alta energia esse público não vai além de uma dezena de colegas; na pintura, ele pode ser uma ampla rede de proprietários de galeria, críticos e amantes da arte. A opinião desse público conta mais na avaliação da criatividade que os palpites de milhões que nada conhecem do assunto. Claro, isso não quer dizer que os críticos são os árbitros finais do ato de criação. Críticos "sofisticados" da época, por exemplo, desancaram alguns dos maiores pintores, como Monet e Van Gogh.

Na verdade, muitas das pessoas mais criativas do mundo tiveram de passar anos aperfeiçoando sua técnica numa vigília solitária, longe dos pessimistas. Praticamente nenhum dos grandes personagens, cuja vocação criativa transformou seu campo disciplinar, foi aceito logo de início. Muitos foram criticados, mas sabiam, do fundo do coração, que estavam no caminho certo.

Esforços criativos, para se imporem numa determinada esfera, têm de ser

Um Programa para
Aprimorar a Criatividade

O DRAMATURGO francês Molière conta a história de um homem que perguntou o que era prosa e espantou-se ao descobrir que falara em prosa a vida inteira. Dá-se o mesmo com a criatividade. Metade do mundo a considera um atributo misterioso somente concedido aos outros. Numerosas pesquisas sugerem, no entanto, que todas as pessoas são capazes de acionar seu espírito criativo. Esta seção, que se repete ao longo do livro, apresenta um modesto programa que você pode utilizar do seu próprio modo, com a velocidade que quiser, para tornar-se mais criativo naquilo que faz. Não estamos falando apenas em ter melhores idéias. Falamos também num tipo de percepção geral que o leva a tomar mais gosto pelo trabalho e pelas pessoas que o cercam: um espírito capaz de estreitar a colaboração e a comunicação com os semelhantes.

Os exercícios e orientações a seguir baseiam-se num princípio simples: a criatividade aumenta na medida da consciência que se tem dos próprios atos criativos. Quanto mais exercemos a nossa originalidade, mais confiança adquirimos e maiores são as probabilidades de nos mostrarmos criativos no futuro. Estes

convincentes para os outros. Segundo o professor Dean Simonton, essa dimensão social torna a criatividade análoga à liderança: "Um líder bem-sucedido é aquele que consegue persuadir as pessoas a modificarem idéias e comportamentos. Um criador bem-sucedido é aquele que oferece às pessoas uma maneira diferente de contemplar o mundo".

"Há um modo diferente de sentir o mundo quando há criatividade em artes como a poesia ou a pintura, e um modo diferente de compreender o mundo quando há criatividade em ciência", acrescenta Simonton. "Mas, seja como for, a criatividade não é algo que esteja inteiramente dentro do indivíduo: ela implica também a adesão dos outros. Trata-se de um fato não apenas psicológico, mas também social. A criatividade não é uma coisa que se guarda no armário: ela passa a existir durante o processo de interação com as outras pessoas."

SOMOS CRIATIVOS EM X

O PALCO SOCIAL para a criatividade é geralmente a área de atuação da pessoa. Diz Howard Gardner: "Ninguém é criativo em tudo — não se pode dizer que alguém seja 'criativo'. Pode-se, isso sim, dizer que é criativo em X, quer se trate de literatura, ensino ou administração empresarial. As pessoas são criativas em alguma coisa".

A criatividade não é uma habilidade específica que se possa utilizar em qualquer atividade. De acordo com Gardner, "A criatividade não é um tipo de fluido capaz de fluir em qualquer direção. A vida da mente está dividida em diferentes regiões que chamo de 'inteligências', como matemática, linguagem ou música. Uma pessoa pode se mostrar profundamente original e inventiva, até iconoclasticamente imaginativa, em uma dessas áreas, sem ser criativa nas outras".

Isso faz com que Gardner veja o indivíduo criativo como "alguém que pode resolver regularmente um problema ou criar algo novo que se torne um produto valioso em determinada área". A definição de Gardner sobre a criatividade afasta-se das que se encontram na maioria dos manuais de psicologia. Nesses livros, a criatividade é descrita como uma espécie de talento global. Ao lado de semelhante visão, temos a crença popular nos testes prontos, que mostram às pessoas, em questão de minutos, como elas são criativas.

A visão acadêmica da criatividade, afirma Gardner, "não faz sentido algum. Penso ser necessário observar uma pessoa trabalhar durante algum tempo numa certa área: jogando xadrez, tocando piano, fazendo projetos de arquitetura, iniciando um negócio ou presidindo uma reunião. Devemos ver o que fazem quando surgem problemas e como as suas soluções são recebidas. Só então ajuizaremos se a pessoa é criativa ou não".

"A pessoa criativa", sustenta Gardner, "tem de saber fazer as coisas com regularidade, não uma única vez ou raramente. Trata-se de todo um estilo de vida. As pessoas criativas estão sempre pensando na área em que atuam. Estão sempre investigando. E estão sempre dizendo: 'O que tem sentido aqui, o que não tem?' Se não tiver, 'Posso fazer algo a respeito?'"

C MAIÚSCULO E C MINÚSCULO

A CRIATIVIDADE EXISTE quando elementos-chaves se ajustam: novidade, adequação e receptividade do público-alvo.

O último elemento, a receptividade do público-alvo, aplica-se sobretudo à criatividade com "C maiúsculo", as realizações românticas dos grandes gênios. Mas nem todos nos consideramos muito criativos, pois não temos público suficiente para aquilo que fazemos. Na verdade, privilegiamos demais a criatividade com C maiúsculo e ignoramos o modo com que exibimos gosto e imaginação em nossa vida diária.

"Ficamos bitolados na maneira de encarar a criatividade", observa Teresa Amabile. "Costumamos imaginar a criatividade como algo rarefeito: os artistas são criativos, os músicos são criativos, criativos são os poetas e cineastas. Mas o mestre-cuca, em sua cozinha, mostra criatividade quando inventa uma variação de receita. O pedreiro mostra criatividade quando descobre um novo jeito de assentar os tijolos ou fazer o mesmo trabalho com economia de material."

exercícios foram desenvolvidos em aulas sobre criatividade na Universidade de Stanford. Nos últimos trinta anos, milhares de pessoas de todos os níveis e de diversos países os vêm praticando.

Uma das lições que aprendemos foi que a criatividade não é um mero jogo mental. A relação entre pensamento e sentimento, ou entre mente e corpo, é fundamental para liberá-la.

As tensões que reduzem o fluxo de idéias através da mente são semelhantes às que restringem o fluxo de sangue pelos músculos do corpo. Segundo nossa experiência, o simples ato do relaxamento físico — deixar-se estar — abre a mente para novas idéias. O objetivo de muitos dos exercícios do programa é encorajar a idéia de que a mente e o corpo são um repositório único de nosso espírito criativo.

Esses exercícios aprimoram a "capacidade de pensamento criativo" descrita na página 26. Eles são o complemento necessário para as habilidades de que você precisa a fim de ser proficiente na sua área de atuação. O início do programa está na página seguinte.

VER PÁGINA 24

Por Dentro da Criatividade

Para Reviver a Experiência do *Eureka!*

COMECE AGORA com um exercício básico. Seu nome é exercício da "Grande Idéia". Você talvez queira gravá-lo, bem como aos outros, ou pedir a um amigo que o leia para você. Sempre que houver instruções a serem gravadas ou lidas, aparecerá o símbolo ℮.

Sugerimos também que você mantenha um diário para analisar e ponderar o processo. Se não quiser manter um caderno separado, faça anotações no calendário ou na agenda. Escrever sobre as próprias experiências aumenta a probabilidade de resgatá-las. Quando você passa a dar mais atenção à sua criatividade, isso tende a tornar-se um hábito benéfico.

℮ Sente-se numa posição confortável, com as costas retas, mas não tensas, a planta dos pés pousadas no chão e as mãos ao colo. Feche os olhos e tome uma inspiração profunda do seguinte modo: encha primeiro o ventre, dilatando o estômago e as costelas inferiores, depois os pulmões; poderá sentir o ar penetrando seu corpo até a altura dos ombros.

Retenha o ar por um momento e comece a expirar, partindo do estômago e continuando até os ombros.

Faça isso mais duas vezes, a cada nova respiração retenha o ar por mais tempo entre a inspiração e a expiração.

Além disso, muito do que sabemos sobre o nosso assunto provém do estudo dos gigantes criativos. Howard Gardner estudou os gênios do início do século e concluiu:

"O que mais causa espanto em Albert Einstein, Sigmund Freud, Virginia Woolf ou Martha Graham é que eles não se limitaram a fazer algo novo. Na verdade, eles modificaram para sempre o seu campo de atuação. Mas, sem a paixão e curiosidade iniciais, que todos tiveram desde tenra idade, sem anos de dedicação, quando realmente começassem a dançar, pintar, calcular ou governar como as outras pessoas, elas jamais mostrariam o tipo de inovação criativa que muda toda uma disciplina".

Gardner acredita que o que é verdadeiro para os criadores com C maiúsculo também se aplica a nós. Cada qual tem propensão para um determinado campo. "Toda pessoa mostra interesse especial por alguma área", declara Gardner. "Pode ser algo que faz no trabalho — sua arte de escrever memorandos, sua habilidade técnica numa indústria, seu jeito de ensinar ou vender. Depois de trabalhar por um tempo torna-se boa no ofício, tão boa quanto quaisquer outros que conheça de perto. Ora, muita gente está satisfeita em ser apenas boa, mas não aplicaria o termo *criativo* a esse nível de trabalho."

Felizmente, existem aqueles para quem não basta serem apenas bons em alguma coisa: eles querem ser criativos. "Não conseguem aderir ao fluxo quando simplesmente atuam dentro da rotina", explica Gardner. "Por isso, criam pequenos desafios para si mesmos, como temperar um prato um pouco diferente do que tem sido temperado até o momento.

Digamos que este ano você planeja organizar seu jardim de outro modo; ou que, sendo professor, diz para si mesmo: 'Estou cheio de preparar aulas da mesma forma de sempre. Agora vou prepará-las com mais antecedência e permitir que os alunos me dêem algum tipo de retorno'.

Nenhuma dessas coisas vai colocá-lo nas páginas de uma enciclopédia. Nem é provável que vá modificar a culinária, o ensino ou a maneira com que se pratica a jardinagem. Mas irá além do rotineiro e do convencional, o que lhe dará o mesmo prazer sentido pelas pessoas criativas com C maiúsculo."

REFOGADO DE CRIATIVIDADE

A VIDA DIÁRIA é um grande campo para a inovação e a solução de problemas — o maior campo, embora menos prestigiado, do espírito criativo. Como disse Freud, as duas marcas características da vida saudável são a capacidade de amar e a capacidade de trabalhar. Cada uma delas exige imaginação.

"Ser criativo é como preparar um refogado", diz Teresa Amabile. "Existem três elementos básicos para a criatividade, assim como existem três ingredientes básicos para um refogado realmente gostoso."

O ingrediente essencial (como, digamos, os legumes ou a carne num refogado) é a proficiência numa área específica, a perícia. Essa perícia lhe garante o domínio do campo. Possuí-la significa que você sabe escrever uma partitura musical, utilizar um programa de computador ou fazer uma experiência científica.

"Ninguém fará nada de criativo em física nuclear a menos que saiba alguma coisa — ou provavelmente muita — sobre física nuclear", observa Amabile. "Do mesmo modo, o artista não será criativo se não possuir as habilidades técnicas exigidas para, suponhamos, diluir e misturar tintas. Os ingredientes da criatividade começam pelo domínio do campo — pela proficiência."

A maioria das pessoas tem queda para alguma coisa. "O talento consiste na propensão natural para conseguir realizar um grande trabalho numa esfera particular", afirma Amabile. "Por exemplo, não é nada provável que toda criança possa compor como Mozart, sem a formação musical que Mozart recebeu. Ele já tinha alguma coisa, desde o começo, que lhe facilitou a tarefa de aprender música, de entendê-la e criá-la — em tão grande quantidade e com tamanha qualidade — naquela idade tão tenra."

Entretanto, sem o aprendizado das técnicas de uma atividade, até o mais promissor dos talentos se embota; já com o treinamento apropriado, mesmo um talento mediano pode tornar-se a base da criatividade.

O segundo ingrediente do refogado é o que Amabile

A respiração profunda pode ser praticada a qualquer hora do dia, quando começar a sentir-se estressado ou precisar serenar a mente para ser mais criativo.

Volte agora à respiração normal. Note que há uma pausa mínima entre as respirações. Depois de inspirar completamente, há também uma pausa antes de expirar.

O mesmo acontece antes de inspirar. Repare nessas pausas. Para aguçar a percepção, conte com os seus botões: "Um, dois, três..." nesses breves períodos entre a inspiração e a expiração. Faça isso por alguns minutos, ciente de que poderá repeti-lo sempre que sentir necessidade de acalmar a mente.

Agora, no espaço vazio de sua mente tranqüila, evoque uma ocasião em que teve uma grande idéia, uma idéia que solucionou um problema ou deu conta de uma situação difícil. Pode ser uma ocasião em que você apaziguou imaginativamente um amargo antagonismo entre amigos ou concebeu um método engenhoso de preservar das crianças uma sala cheia de antiguidades. Continue mantendo os olhos fechados.

Não é necessário que ninguém mais considere importante essa idéia em particular, mas ela deve ter sido significativa para você. Ela pode ter ocorrido há anos ou no mesmo dia. A única exigência é que para você tenha sido uma boa idéia.

Mentalmente, reexamine todo o contexto em que a idéia lhe ocorreu. De início, considere a época anterior à idéia, quando havia o problema, mas não a solução. O que se passava? O que sentia?

Agora recorde o que aconteceu quando você realmente teve a idéia, o *Eureka!* Quais eram as condições em que isso se deu? Saboreie por alguns instantes tal momento.

Em seguida, avalie brevemente como a idéia foi posta em execução e o efeito que teve na solução do problema.

Ainda sentado, vasculhe na memória outras idéias e soluções que lhe acudiram ao longo da vida, mesmo que na época não as achasse especialmente criativas. Mentalmente, atribua-lhes os aspectos que de fato tinham: eram inovadoras e úteis.

Quando estiver pronto, abra os olhos. ☕

Uma boa idéia é você reservar algum tempo, todos os dias, para esse exercício. A finalidade é desenvolver o hábito de concentrar a atenção na própria criatividade. Você acabará por confiar mais nela e, instintivamente, irá utilizá-la sempre que tiver problemas.

Talvez você também queira conversar sobre os seus momentos criativos com pessoas de confiança. O entusiasmo despertado por esse intercâmbio franco pode revelar-se impressionante, sem dúvida porque você estará falando de alguns dos momentos mais emotivos e ricos de sua vida.

VER PÁGINA 43

↬

chama de "capacidade de pensamento criativo": uma maneira de abordar o mundo que nos permite encontrar novas possibilidades e vislumbrar sua plena aplicação. "Ela é como o tempero usado para realçar o sabor dos ingredientes básicos do refogado", diz Amabile. "Torna o sabor único, ajuda os ingredientes básicos a se harmonizarem e produz uma coisa diferente."

A capacidade de pensamento criativo implica o dom de imaginar possibilidades diversas, ser persistente no trato de um problema e ter altos padrões de trabalho. "Inclui também o dom de inverter as coisas na mente, como tornar o estranho conhecido e o conhecido estranho", acrescenta Amabile. "Muitos desses atributos dizem respeito à independência da pessoa, à sua vontade de assumir riscos e à sua coragem de tentar algo que nunca tentou antes."

Outro aspecto dessa capacidade consiste em saber alimentar o próprio processo criativo, como por exemplo reconhecer quando é preciso pôr à parte um problema e deixá-lo incubar durante algum tempo. Se a pessoa possuir perícia técnica apenas numa área — o primeiro ingrediente —, mas for destituída da capacidade de pensamento criativo, o refogado sairá com má aparência e sem gosto.

Finalmente, o elemento que de fato cozinha o refogado criativo é a paixão. O termo psicológico é *motivação intrínseca*, o impulso para fazer algo por simples prazer, e não em troca de elogios ou recompensas. O tipo oposto de motivação — extrínseca — leva você a empreender algo não por querer, mas por precisar. Você age com vistas a uma recompensa, para agradar alguém ou para ser apreciado.

O refogado de criatividade sendo temperado.

A criatividade começa a cozinhar quando as pessoas se sentem motivadas pela pura alegria de fazer o que fazem. Um físico ganhador do Prêmio Nobel, lembra Amabile, indagado sobre qual seria, a seu ver, a diferença entre cientistas criativos e não-criativos, respondeu que consistia em saber se o seu trabalho era ou não uma "obra de amor".

Os cientistas mais bem-sucedidos e inovadores nem sempre são os mais talentosos, mas os que se sentem impelidos por uma intensa curiosidade. Até certo ponto, uma forte paixão substitui o talento inato. A paixão "é como o fogo sob a panela", explica Amabile. "Ele realmente aquece tudo, mistura os sabores e faz o tempero penetrar nos ingredientes básicos a fim de produzir algo que tenha um sabor maravilhoso."

AFINIDADE E PERSISTÊNCIA

A CRIATIVIDADE COMEÇA pela afinidade com alguma coisa. É como apaixonar-se. "No começo, o mais importante para uma pessoa é sentir-se ligada emocionalmente a alguma coisa", sustenta Howard Gardner.

O gosto de Albert Einstein pela física nasceu quando ele tinha apenas 5 anos e estava acamado. Seu pai trouxe-lhe de presente uma pequena bússola. Einstein ficou estirado durante horas, fascinado pela agulha que apontava infalivelmente para o norte. Já perto dos 70 anos, ele confessou: "Essa experiência causou-me uma impressão profunda e duradoura. Devia haver um mistério por trás das coisas".

Na opinião de Gardner, esses momentos da infância são relevantes para a compreensão da vida criativa. "Sem esse amor inicial e essa ligação emocional, creio que as chances de fazer um bom trabalho criativo mais tarde são mínimas", afirma. "Entretanto, a intoxicação inicial por si só não basta. Ela, em essência, estimula-nos a aprender mais sobre o assunto que primeiro nos motivou, a descobrir suas complexidades, dificuldades, pontos fortes e pontos obscuros."

Desse amor inicial por alguma atividade, brota a persistência. Aqueles que zelam apaixonadamente pelo que fazem, não desistem com facilidade. Quando a frustração surge, eles a enfrentam. Se os outros não aceitam suas inovações, vão em frente do mesmo jeito. Como disse Edison, "O gênio é a teimosia!"

Cega e surda, Helen Keller estava isolada do mundo e do contato humano até aparecer Anne Sullivan. A criatividade de Anne Sullivan estava em sua paixão e em sua recusa a desistir. Ela queria a todo custo chegar até Helen.

Anos depois, Helen Keller evocava o momento em que, pela primeira vez, a persistência, o amor e a paixão deram frutos: "Minha professora Anne Mansfield Sullivan estava comigo há um mês e já me ensinara os nomes de alguns objetos. Colocava-os em minha mão, soletrava as palavras com os dedos e ajudava-me a juntar as letras.

Eu, porém, não tinha a menor idéia do que ela estava fazendo. Nem sei o que pensava. Tinha apenas uma memória tátil dos dedos que executavam aqueles movimentos e passavam de uma posição a outra.

Um dia, ela me entregou um copo e soletrou a palavra. Depois derramou um pouco de líquido no copo e soletrou: Á-G-U-A.

Afirmou, mais tarde, que eu parecia perplexa. Eu estava confundindo as duas palavras, trocando copo por água e água por copo.

Por fim, fiquei irritada porque a Srta. Sullivan não parava de repetir os nomes. Em desespero, ela me arrastou para o poço coberto de hera e fez-me segurar o copo sob a bica enquanto bombeava água.

Com a outra mão soletrou Á-G-U-A enfaticamente. Fiquei hirta, o corpo todo concentrado nos movimentos de seus dedos. Quando o jato caiu sobre a minha mão, senti, de repente, uma estranha palpitação, uma consciência nebulosa, uma sensação de algo recordado. Foi como se, de morta, retornasse à vida".

A CRIATIVIDADE NÃO TEM IDADE

O POTENCIAL para a criatividade está sempre presente. Ela não diminui com o passar do tempo. "Antigas pinturas, quando envelhecem, tornam-se às vezes transparentes", escreve Lillian Hellman. "Se isso acontece, é possível vislumbrar os traços originais. Por trás de uma árvore, surge o vestido de uma dama. Uma criança cede lugar a um cão. E um grande barco já não flutua no mar alto. Isso se chama *pentimento* porque o pintor se arrependeu e mudou de idéia. Talvez fosse melhor dizer que a antiga concepção foi substituída por uma escolha posterior. É um modo de ver e rever."

Bill Fitzpatrick redescobriu sua criatividade tarde na vida. Ele é a prova de que aquilo com que nascemos fica conosco para sempre – de que se pode ver e rever. Após aposentar-se, começou a pintar, coisa de que gostava na juventude. Hoje na casa dos 80, Fitzpatrick ganhou inúmeros prêmios por suas aquarelas.

"Sei de muita gente que se deixa ficar por aí à espera do agente funerário", brinca ele. "Quanto a mim, creio que quem vai requerer aposentadoria deve interessar-se por alguma coisa que ocupe o seu tempo, seus esforços e seus pensamentos.

Sou octogenário, mas não me sinto octogenário – sinto-me, antes, um cinqüentão rijo e dinâmico. É importante viver assim porque o contrário seria vegetar."

Em criança, Fitzpatrick sonhava ser artista. Mas, então, veio a Depressão. Como muitos outros, agarrou o melhor emprego que pôde; e durante 31 anos trabalhou para a Nabisco como motorista. Nesse tempo todo, no entanto, procurava entregar-se à pintura, aproveitando os poucos momentos de lazer entre as longas horas de trabalho. Foi por isso que começou a pintar aquarelas: era fácil carregá-las e guardá-las. Depois de aposentar-se, passou a levar a coisa mais a sério e a freqüentar exposições.

"As pessoas suspiram: 'Ah, se eu tivesse talento para a pintura!' Pois têm, é o que lhes digo. Após o primeiro passo, tudo se torna mecânico. Só o que não é mecânico é a criatividade que você emprega para solucionar seus problemas.

A criatividade é importantíssima na vida — ela nos oferece a diversidade. Sendo criativos, tentamos diferentes maneiras de fazer as coisas; e, naturalmente, cometemos um monte de erros. No entanto, se tivermos a coragem de persistir, apesar desses erros, obteremos a resposta.

Continuo indo em frente, sem tempo para pensar em meus problemas. Estou me divertindo a valer. Se não fosse assim, seria melhor cair fora. O importante é não crescer nunca!"

Erik Erikson, o psicólogo que mapeou as etapas do desenvolvimento pessoal ao longo da vida, descreveu o triunfo da última fase da existência como uma "grande produtividade": uma sincera preocupação com a geração mais jovem e as gerações que estão por vir. A grande produtividade é uma maneira inteligente e criativa de preservar os outros, uma afirmação da própria vida em face da morte. Muitas vezes, a comunidade inteira se beneficia dos atos do ancião que a cultiva.

Atualmente com 100 anos de idade e cega, Mary Stoneman Douglas continua a lutar pela salvação dos Everglades da Flórida. Começou sua cruzada há cerca de cinqüenta anos, bem antes do movimento ambientalista de hoje, com o livro *Rivers of Grass* [Rios de Relva]. Em 1947, ela provou que os Everglades eram um vasto, porém frágil, ecossistema que vinha sendo esgotado pela irrigação agrícola e engolido pela exploração imobiliária. Educando os turistas quanto aos constantes perigos que ameaçavam os pântanos, a Sra. Douglas fundou a associação "Amigos dos Everglades" e está concluindo o décimo livro sobre o assunto. "Não há nada de errado com um cérebro de 90 anos", escreveu ela em sua autobiografia de 1987, *Voices of the River*. "Se você o traz alimentado e interessado, ele não o abandona."

Pablo Picasso disse: "A idade só conta quando se envelhece. Mas agora que fiquei velho, bem poderia ter 20 anos". O espírito criativo, longe de decair com a idade, pode, ao contrário, ficar mais forte e vigoroso se a pessoa se concentrar naquilo que realmente interessa e encarar com coragem a iminência da morte.

O "Gossamer Condor", primeiro aeroplano movido pela força humana a voar 1 quilômetro.

se machucaria se ele caísse. Precisava apenas ser leve. Então eu poderia construí-lo frágil, quase pronto para se quebrar. E a única maneira de saber que obtivera o peso mínimo absoluto era se ele se quebrasse às vezes.

Se nunca se quebrasse, obviamente pesaria demais e seria mais robusto do que o necessário. Se se quebrasse sempre, o objetivo não teria sido alcançado. Mas se se quebrasse a cada 25 vôos, estaria ótimo. Pois foi assim que o desenhei, o que é uma maneira terrível de fabricar um aeroplano comum, mas revelou-se muito boa para o meu. A quebra não era um fracasso, era um sucesso."

Fazer a pergunta certa é imprescindível para a percepção criativa. Diz MacCready: "Depois que você faz a pergunta, as pessoas podem acorrer com a resposta. Mas é preciso apresentar o desafio certo".

Einstein fazia perguntas tão fundamentais que as respostas acabaram transformando a nossa compreensão do universo físico. Como observou o filósofo Alfred North Whitehead: "Cumpre ter uma mente bastante original para analisar o óbvio". Já o fértil inventor Buckminster Fuller foi mais direto: "Seja engenhoso".

A ARTE DE OUVIR

REUNIR informações acuradas é essencial durante as fases iniciais e preparatórias do processo criativo. Quanto melhores forem as informações que você tem sobre um problema, maiores são as suas chances de vislumbrar uma solução. Se o desafio envolve outras pessoas, é ainda mais essencial a arte de observar e escutar.

Uma barreira sutil à obtenção de boas informações pode ser o nosso papel social e profissional — aquela *persona* que impomos ao mundo. Em outras palavras, aquilo que pretendemos ser às vezes se interpõe no caminho daquilo que precisamos saber.

Uma das profissões que mais intimidam é a do médico. No entanto, a Dra Alexa Canady, neurocirurgiã pediátrica de Detroit, costuma ouvir pacientemente para ser mais criativa em seu trabalho. "Meu objetivo é ser a neurocirurgiã amistosa da vizinhança", diz ela. "Quando as pessoas ficam sabendo que sou uma neurocirurgiã, ergue-se uma barreira que é preciso transpor. Se você me vê como neurocirurgiã, começa a ficar nervoso, esquece-se do que tinha a me dizer, sua pressão sanguínea se eleva e já não é capaz de se comunicar comigo porque se sente intimidado.

Mas, em neurocirurgia, grande parte dos diagnósticos é feita com base no relato dos pacientes, na observação do modo como agem. E, se agem de maneira anormal por causa do ambiente constrangedor do meu consultório, então eu não percebo bem o que está acontecendo. Por outro lado, se os pacientes se mostram amedrontados ou muito nervosos, não me passam as informações de que preciso.

Queremos, pois, pacientes tranqüilos que nos digam alguma coisa, mesmo que a considerem uma tolice. Pretendo conversar com eles, não apenas examiná-los. E eles devem me ver como pessoa, não como médica."

Diz a Dra Canady: "Para mim, a maior parte da criatividade em medicina consiste no ato de ouvir. Você tem de ouvir aquilo que o paciente realmente diz, não aquilo que as palavras dele lhe estão dizendo. Você tem de prestar atenção ao que dizem seus colegas de trabalho. Toda pessoa que vê um paciente tem algo a lhe comunicar.

SEJA BEM-HUMORADO

Eis um paradoxo: embora a criatividade exija trabalho duro, ele se desenvolve mais agradavelmente se você o encarar com bom humor. O bom humor engraxa as rodas da criatividade.

Uma das razões disso é que, quando você faz piadas, torna-se mais livre para considerar qualquer possibilidade — afinal, está apenas brincando. A alegria ajuda-o a desarmar o censor interno, que se apressa a condenar suas idéias como ridículas. Eis por que nas sessões de *brainstorm*, em ciência ou negócios, a regra operacional é que vale tudo e ninguém pode descartar imediatamente uma idéia por parecer-lhe absurda. As pessoas são encorajadas a gerar quantas idéias puderem, por mais absurdas que sejam. E numa dessas idéias existe freqüentemente um germe que, no final, pode transformar-se numa solução inovadora.

Os pesquisadores revelam que, quando as pessoas trabalham em equipe na solução de um problema, os grupos que mais riem (dentro dos limites — não se pode brincar o tempo todo) mostram-se mais criativos e produtivos que seus colegas mais sisudos. Brincar faz sentido: o próprio bom humor é um estado criativo. É como diz o palhaço Wavi Gravy: "Quando você pára de rir, é porque já não tem mais graça".

Por Dentro da Criatividade 33

O setor infantil do hospital pode nos ensinar muito sobre o paciente. Temos aqui uma mulher maravilhosa chamada May que, há anos, vem cuidando de nossas crianças em coma provocado por ferimentos na cabeça. Quando escuto May, sei exatamente como o paciente se comportou e quando começará a acordar. Ela passa horas com eles, todos os dias — e conhece-os melhor do que eu, que os visito em turnos de quinze minutos.

Escuto os pais porque descobri que pacientes em coma freqüentemente respondem a eles muito antes que a qualquer estranho. Se fico por ali e observo a interação, noto que as crianças erguem o polegar primeiro para os pais.

Assim, escuto todos que tenham algo a dizer, porque preciso de toda ajuda possível".

NÃO HÁ DUAS CIRURGIAS IGUAIS

Em medicina, há bastante espaço para a criatividade. Apesar de sua sólida base científica, a prática clínica é também uma arte curativa muito flexível. "As pessoas pensam que a medicina é específica, que, se alguém chega com X, nós fazemos Y", explica a D^{ra} Canady. "Mas se você analisar racionalmente 98% dos tratamentos que prescrevemos, verá que nenhum estudo controlado prova que Y é melhor do que Z. Os cirurgiões vão desenvolvendo certas abordagens ao longo de sua experiência.

Na faculdade de medicina, tudo parece certinho até você fazer a sua primeira cirurgia. Então, descobre que nenhuma operação é idêntica — nem mesmo algo simples como extrair um apêndice. Nenhum apêndice é exatamente igual a outro. O que você descobre é que cada pessoa é única: a anatomia é diferente, a doença é diferente. E o tratamento será diferente conforme o que você descobrir.

Estamos sempre às voltas com cirurgias, aprendendo aos poucos como melhorar a técnica, ampliando nosso repertório. Operar é divertido por duas razões. A primeira é que, naquele momento, estamos numa espécie de mundo protegido. Podemos, então, nos concentrar totalmente no que fazemos, sem interrupções. Há também camaradagem na sala de cirurgia: ali, todos trabalham juntos, e temos de pôr o ego de lado. E é um lugar onde precisamos ser criativos.

Penso que a criatividade é essencial na vida. Ela pode consistir no modo com que tratamos nossos filhos. Pode estar nos nossos *hobbies*. Acho que, para muita gente, a criatividade não está no trabalho. Mas em algum ponto de suas vidas tem de haver uma paixão, um desejo de avançar. Se não for assim, para que viver?"

Jim Collins escala o formidável Beach Crack, na Califórnia.

COMO APRENDER COM O RISCO

AS PESSOAS CRIATIVAS não estão abertas apenas a novas experiências de todos os tipos. Elas também gostam de assumir riscos. Jim Collins, alpinista incansável, é também professor na Escola Superior de Administração da Universidade de Stanford. Embora seja um alpinista dedicado, passa boa parte do tempo no *campus* da universidade, entre os modestos outeiros arredondados da península de San Francisco. Para ficar em forma quando está longe das áreas de escalada, usa os edifícios do *campus* a fim de aprimorar sua técnica.

A escadaria do prédio de Física ou os muros do histórico pátio quadrangular são as superfícies nas quais ele testa e aperfeiçoa suas habilidades. Desse modo, quando empreende uma autêntica e difícil escalada, está plenamente exercitado nos movimentos mais complexos. Não precisa imaginá-los quando se acha dependurado numa rocha realmente perigosa. Sua mente e suas energias estão livres para uma aventura criativa.

FAÇANHA IMPOSSÍVEL NO PSYCHO ROOF

Jim Collins aprendeu a escalar, quando menino, em Boulder, Colorado, região que oferece alguns dos maiores desafios aos alpinistas em todo o continente. Ele fazia isso por prazer. Mas, em 28 de julho de 1978, fez história. Tornou-se a primeira pessoa a conquistar o perigoso rochedo de Psycho Roof, no El Dorado Canyon, ponto de escalada mundialmente famoso das montanhas próximas de Boulder.

Havia uma rota para o Psycho Roof que os alpinistas, após anos de amargas experiências, consideravam simplesmente impossível. O problema era uma projeção da borda superior do paredão, que ficava fora do alcance das mãos do alpinista.

Solução:
Collins descobriu que podia ficar de cabeça para baixo, balançando-se no lado da encosta, justamente abaixo da projeção, e fixar um pé na borda.

O maior comprimento da perna, em relação ao braço, fez a diferença: utilizando os dedos dos pés como se fossem os dedos das mãos, conseguiu subir servindo-se do outro braço e agarrar a borda. A rota impossível para o Psycho Roof tornou-se viável porque Collins "esqueceu" os esquemas tradicionais de pensamento o suficiente para encarar o problema de um modo nunca antes tentado.

Diz Collins: "Escalar é uma das coisas mais criativas que já fiz, um problema sempre em busca de solução. Não há mapas para a escalada de uma montanha.

Você contempla um paredão nu e murmura para si mesmo: 'Potencialmente, há uma rota que chega até lá em cima'. Mas essa rota, você tem de inventá-la à medida que sobe".

Collins assegura que o alpinismo lhe dá lições de criatividade nos negócios. Ao escalar ou fundar uma empresa, "quando você olha de fora diz, 'Puxa, isso parece mesmo arriscado!' Os empresários costumam responder: 'Eu não sabia se ia dar certo, mas me empenhei'. Na escola de administração, usamos "árvores de decisão" — um meio bem-estruturado de analisar probabilidades. O fato é que as probabilidades mudam quando nos empenhamos.

No alpinismo, se você é corajoso e vai em frente, ao ficar desprotegido, começa a pensar nas conseqüências de uma queda. É então que se torna realmente criativo, lutando para continuar preso à rocha. Aqui na escola, somos treinados para manter nossas opções em aberto. Mas se passarmos a vida mantendo opções em aberto, não faremos mais nada: não se pode chegar ao topo conservando um pé na base da montanha".

AGIR COMO UM COIOTE?

NA SOLUÇÃO DE PROBLEMAS, o equívoco é uma lição, uma informação valiosa sobre o que se deve tentar em seguida. Com efeito, inúmeras invenções se devem aos equívocos. William Perkins, químico britânico, descobriu a fórmula dos corantes artificiais quando tentava criar um quinino sintético — o que não conseguiu. Entretanto, notou que o composto utilizado na experiência deixava uma mancha púrpura. Mais pesquisas com essa mancha assinalaram o início da indústria dos corantes artificiais.

O desenhista Chuck Jones.

Muitas vezes as pessoas desistem porque têm medo de errar. Esses erros podem ser embaraçosos, mesmo humilhantes. Todavia, se você não se arriscar e não errar, deixará de aprender ou de criar alguma coisa nova e original. Como disse um gaiato anônimo: "Não deixe de ir de vez em quando a uma caça aos patos selvagens: é para isso que eles servem".

Os registros indicam que as pessoas mais criativas cometem mais erros do que as de pouca imaginação. O motivo não é que elas sejam menos eficientes — elas simplesmente fazem maior número de tentativas que as outras, têm mais idéias, analisam mais possibilidades, geram mais esquemas. Às vezes ganham, às vezes perdem.

Chuck Jones, o lendário desenhista que criou Wile E. Coyote e Pernalonga, afirma: "Não acho que aprendemos com os triunfos. Acho que aprendemos com os fracassos. Deus sabe que não é isso que queremos, mas os tropeços freqüentemente nos dão a chave daquilo que de fato ambicionamos.

O que acontece com Wile E. Coyote é que ele se parece muito com todos nós. O filósofo George Santayana descreve perfeitamente o coiote quando diz: 'O fanático é alguém que redobra os esforços quando já esqueceu seu objetivo'. Se isso não for o coiote, então já não sei o que é". Sim, o que admiramos nesse animal é o fato de ele continuar tentando.

Não importa quão heróico seja o nosso empenho, convém não forçar o momento criativo: ele surge naturalmente, nas circunstâncias favoráveis. Às vezes, no entanto, as exigências e situações-limites de nossa vida não podem esperar a emergência espontânea da idéia. Quando as energias criativas não fluem num projeto, é bom ter outro com que nos ocupar, recomenda Dean Simonton, da Universidade da Califórnia.

"Muitos dos grandes criadores da história não tinham as mãos ocupadas num único trabalho. Dedicavam-se a várias coisas ao mesmo tempo. Se deparavam com obstáculos numa área, deixavam provisoriamente o assunto de lado e partiam para outra atividade. Quando você tem diversos projetos, aumentam as probabilidades de que descubra uma solução em algum ponto... por onde esteve transitando."

Leonardo da Vinci dedicou-se de corpo e alma à arquitetura, pintura, planejamento urbano, ciência e engenharia. Enquanto se entregava aos estudos que alicerçariam a teoria da evolução, a bordo do *Beagle*, Darwin também tomava volumosas notas sobre zoologia, geologia e mesmo expressão facial em seres humanos e animais. O Dr. Howard Gruber, psicólogo da Universidade de Genebra, que estudou a criatividade de Darwin, chama a esses interesses múltiplos uma "rede de empreendimentos". Sustenta que, passando de projeto a projeto, as pessoas criativas transferem elementos e perspectivas de uma área para outra em que funcionem melhor. Isso significa também que, se chegarem à etapa de frustração num projeto, podem "incinerá-lo" mentalmente, enquanto se dedicam a outro.

A ANSIEDADE É A SERVA DA CRIATIVIDADE

TER A CORAGEM de aceitar as próprias ansiedades e dar o próximo passo é essencial para todos os tipos de criatividade. Chuck Jones sabe muito bem disso: "O medo é um fator vital em qualquer trabalho de criação. Os pescadores das Ilhas Aran, na Irlanda, um dos locais de pesca mais difíceis do mundo, dizem que quem não tem medo do oceano não deve pescar.

Jones confessa: "Jamais em minha vida de cartunista fiz um desenho animado sem me deparar com este monstro: o medo. Nos filmes é um fotograma; no meu trabalho, um pedaço de papel. Jamais terminei um desenho sem me perguntar se conseguiria fazer outro — ou mesmo se queria!

A ansiedade é a serva da criatividade. Mas o importante é reconhecer o medo e querer enfrentá-lo. O medo é o dragão, você é o cavaleiro. O cavaleiro que nunca suou por baixo da couraça, antes de entrar em combate, não foi um bom cavaleiro.

Acho que a ansiedade é muito importante. Mas o que faz um artista é a disposição de encará-la. Quando você empunha o lápis e diz 'Agora sei o que posso fazer', então está com os deuses porque tem certeza de que dispõe das ferramentas necessárias. Nesse instante, a ansiedade desaparece como num passe de mágica; ela é o trampolim para a capacidade de unir-se aos deuses que sabem desenhar".

Ou, como desabafava Oscar Wilde: "A ansiedade é insuportável. Espero que dure para sempre".

Por Dentro da Criatividade

Como Expandir a Criatividade

FLUXO: O MOMENTO BRANCO

QUANDO A CRIATIVIDADE está em plena incandescência, as pessoas podem experimentar o que os atletas e atores chamam de "momento branco". Então, tudo dá certo. Suas habilidades respondem tão perfeitamente ao desafio, que você parece mesclar-se com ele. Tudo parece harmonioso, unificado, fácil.

A esse momento branco, os psicólogos costumam dar o nome de "fluxo". Semelhante condição foi amplamente estudada por Mihalyi Csikszentmihalyi, psicólogo da Universidade de Chicago. No fluxo, as pessoas se encontram em seu ponto máximo. Ele pode ocorrer em qualquer tipo de atividade: pintura, xadrez, sexo, etc. A única exigência é que a capacidade vá tão precisamente de encontro ao desafio que a autoconsciência desapareça por completo.

Se a sua capacidade de solucionar problemas não está à altura do desafio que tem de enfrentar, você sente ansiedade, não fluxo. É o que acontece quando faz um exame para o qual não estudou ou está prestes a pronunciar um discurso que não preparou. Se a sua capacidade for grande demais para o desafio, você tem a experiência contrária: tédio. É o sentimento que deve acometer um doutor em astrofísica se o maior desafio do dia for organizar um bingo.

Quando as habilidades e o desafio combinam, há mais probabilidade de surgir o fluxo. Nesse instante, a atenção se volta totalmente para a tarefa a cumprir. Um dos indícios dessa completa absorção é que o tempo parece voar — ou arrastar-se. A pessoa fica tão empenhada no que faz que esquece as distrações.

Csikszentmihalyi conta a seguinte história sobre um cirurgião concentrado numa operação difícil. Findo o trabalho, olhou em volta e percebeu um monte de entulho num canto da sala de cirurgia. Perguntou de que se tratava, e responderam-lhe que parte do teto viera abaixo durante a operação. Mas ele estivera tão absorvido, que não ouvira nada.

Estudos neurológicos mostram que, em fluxo, o cérebro na verdade gasta menos energia do que quando nos vemos às voltas com problemas. Uma das razões pode ser o fato de as partes do cérebro relevantes para a tarefa a cumprir serem mais ativas e as irrelevantes relativamente passivas. Em contrapartida, quando estamos num estado de ansiedade e confusão, não se observa tal diferença nos níveis de atividade entre as partes do cérebro.

"Criação", caligrafia do abade do templo Koto-in — um instantâneo da mente.

Os estados de fluxo ocorrem freqüentemente na prática esportiva, sobretudo entre os grandes atletas. Em sua biografia, a estrela do basquetebol Bill Russell afirma que esses momentos são de uma intuição quase sobrenatural:

"Era como se estivéssemos jogando em câmera lenta. Eu quase podia sentir qual seria o próximo lance ou o próximo arremesso. Mesmo antes de a equipe adversária passar a bola, eu adivinhava a jogada com tamanha lucidez que tinha vontade de dizer aos companheiros: 'Ela vem por ali!' — mas sabia que, se o fizesse, tudo se modificaria".

MENTE VAZIA

QUANDO EM ESTADO DE FLUXO, as pessoas perdem toda a autoconsciência. A idéia Zen da mente vazia é parecida: um estado de completa absorção naquilo que se faz. Diz o professor Kenneth Kraft, estudioso budista da Universidade Lehigh, que passou muitos anos no Japão: "No Zen, utiliza-se o termo *mente* de um modo muito interessante. A palavra também é símbolo para a consciência do próprio universo. Na verdade, a mente do indivíduo e a mente do universo são consideradas como uma só coisa. Assim, quando esvaziamos nossa mente pessoal e menor, perdendo a arraigada autoconsciência, conseguimos mergulhar na mente universal, maior e mais criativa".

A idéia de mesclar-se à atividade presente é própria do Zen. "Ensina-se no Zen que a ação é executada de uma maneira tão completa, que o executante se dissolve nessa ação", explica Kraft. "Assim, um mestre calígrafo, por exemplo, pratica sua arte num estado de mente vazia."

A mente vazia não é a mente inconsciente, uma espécie de vacuidade. Ao contrário, é uma percepção lúcida durante a qual não se é perturbado pela costumeira tagarelice interior. Sustenta Kraft: "Mente vazia significa não ser distraído por pensamentos casuais como 'Esta caligrafia está certa? Este traço deve ser para cá ou para lá?' Não há nada disso na mente de um mestre: há só o fazer, o traçar".

O trabalho caligráfico Zen começa antes do traço material. Primeiro, o mestre estabelece seu estado interior e só então passa à caligrafia. E o primeiro traço surge da mente vazia.

"Uma parte importantíssima do trabalho caligráfico é o primeiro ponto feito no papel, que é o começo do caráter. Daí flui o resto. Se o começo for desajeitado — muito intencional, muito tímido ou muito grosso —, o equilíbrio de toda a obra fica comprometido. Pessoas de vista treinada, ao observar um trecho de caligrafia, podem diagnosticar precisamente o estado mental do calígrafo."

As obras de caligrafia são tão apreciadas como legados dos mestres que as compuseram, que são exibidas anualmente em diversos templos Zen. "Consideram esses rolos uma espécie de instantâneos do estado mental do mestre", informa Kraft. "Alguns traços são grossos e pesados, alguns sutis, outros apressados, outros ainda calmos e ponderados. Mas todos, num certo sentido, exprimem a consciência do mestre Zen."

E, num sentido profundo, todos os nossos atos criativos exprimem nossa consciência — quem somos naquele exato momento.

A MENTE É COMO A ÁGUA

No OCIDENTE, com freqüência associamos atividade criativa com inventividade e solução de problemas. As culturas asiáticas, entretanto, assumem tradicionalmente uma visão diversa. Para elas, a criatividade brota de uma fonte mais profunda do que o pensamento inovador. No Budismo, por exemplo, o pensamento é apenas um dos sentidos — e, como todos os sentidos, tem limitações.

"Um dos objetivos do Zen-budismo é ir além dos sentidos e do pensamento", explica o professor Kraft. "A intuição, fonte da percepção, vem até você, não se sabe de onde, justamente quando não está pensando naquilo. E você precisa ser flexível e receptivo a essa possibilidade.

A água é uma imagem usada, na Ásia, como metáfora para a criatividade. Ela se ajusta a qualquer recipiente. No rio, estira-se ao longo das margens; mas se chega a uma rocha, rodeia-a. Se enchermos um copo com água do rio, ela imediata e perfeitamente assumirá sua forma.

Do mesmo modo, a criatividade é uma espécie de conformação às circunstâncias. Criativa será, pois, a pessoa que se adequar inteiramente às condições em que se encontra."

Uma mente límpida e receptiva como a água é fundamental para a tradição oriental das artes marciais, que valoriza profundamente a resposta e mesmo a antecipação aos eventos. Intensa disciplina é necessária para alcançar esse estado mental em que se pode receber informações sem distorção. Pois é a informação exata — seja a detecção do próximo golpe do adversário no judô, seja a previsão de uma leve mudança no gosto do consumidor de automóveis — que lança o alicerce para o ato criativo.

A visão da criatividade como uma espécie de dança de dependência recíproca entre observador e observado, ou produtor e consumidor, enraíza-se numa antiga filosofia que considera todos os fenômenos como aspectos inter-relacionados de um sistema único, delicadamente entrelaçado. As visões científicas atuais da ecologia refletem essa postura, sustentando que as ações mais criativas são aquelas que, verdadeiramente, respondem adequadamente ao ambiente total.

A canalização da criatividade pode ser notada nas formas artísticas conhecidas no Japão como Caminhos: o Caminho da Caligrafia, o Caminho do Arqueiro, o Caminho do Chá, o

Descontração

QUANDO AS PESSOAS refletem sobre os momentos em que se mostraram mais criativas e expressivas, quase sempre os descrevem como uma experiên cia de "descontração" (ver discussão de fluxo e "momentos brancos" na página 40). É nesses momentos descontraídos que a criatividade costuma ocorrer.

E ocorre tanto durante o exercício vigoroso quanto durante a tarefa concentrada, simples e repetitiva. É como cair no sono, sonhar ou despertar. Muitos, rotineiramente, têm idéias úteis quando estão tomando banho. Outros precisam de algum tipo de férias, ainda que breves, para liberar a criatividade. Meditar, fazer alongamento, tocar um instrumento musical, dançar e respirar profundamente são algumas das inúmeras maneiras de liberar a criatividade.

As duas abordagens seguintes também podem ajudá-lo a ceder à descontração:

A ALEGRIA DA ALEGRIA

O fluxo é um estado de êxtase. É alegre e naturalmente "em alta". "Que bela palavra, *Alegria*!", exclama o desenhista Chuck Jones. "Sempre que penso nela, acho que não se pode escrevê-la. Tem de ser uma coisa elegante, com uma pérola engastada no alto e rodeada por uma aura de felicidade. É realmente um prazer ver a Alegria."

É uma palavra vasta, com um grande A sorrindo para você. E encantadora também, como *Amor*; ambas começam com A.

"A Alegria é toda enfeitada, delicada e alada — por Deus, poderia alçar vôo! Quando você desenha alguma coisa que dá certo, é tudo que importa. Mas sem assumir riscos, cometer erros, enfrentar o dragão do medo e ir em frente, nunca conhecerá a alegria... da Alegria!"

Por Dentro da Criatividade

◎ **Descontração Física.** Sente-se numa cadeira com as mãos pousadas confortavelmente sobre as coxas. Tensione as pernas e mantenha-as assim enquanto contrai vigorosa e sucessivamente a pelve, a caixa torácica, os ombros, o pescoço e os maxilares. Conserve a tensão por um momento e em seguida relaxe.

Você se descontraiu. Como se sente? ◎

◎ **Descontração Mental.** Imagine que alguma coisa de natureza mental que o acompanha — uma emoção forte, uma crença, um bloqueio — esteja representada por uma peça de seu vestuário. Pode ser um sapato, um relógio, um anel, uma gravata, uma pulseira, etc. Imagine, em seguida, com convicção, que o bloqueio mental está inteiramente contido na peça que você usa. Agora, pensamento e bloqueio se fundiram numa coisa só. Então... livre-se dela!

Observe como se sente depois de livrar-se do bloqueio. ◎

VER PÁGINA 56

Caminho do Arranjo Floral ou o Caminho do Judô. "Esses Caminhos são fundamentais na cultura asiática", diz Kraft. "Para os ocidentais, no início soam apenas como se fossem veredas estreitas, com regras intransigentes e nenhuma criatividade, consistindo a tarefa do praticante, seja ela qual for, em sujeitar-se o melhor possível ao que os predecessores fizeram.

A coisa, porém, é bem mais sutil, pois as situações que você enfrenta são sempre diferentes das que os predecessores tiveram de enfrentar. Assim, mesmo o conformismo à tradição envolve adaptação e auto-expressão, que são formas de criatividade.

No Caminho da Caligrafia, por exemplo, o caractere que você desenha é fixo — não se pode alterar um caractere —, mas é espantoso como diferentes calígrafos encontram meios de variar um mesmo caractere."

Essa é, talvez, uma forma mais passiva e sutil de pensar a criatividade do que a visão ocidental, concentrada em descobertas e invenções novas. Posta em execução, pode entretanto constituir uma fonte de energia e percepções. A riqueza e a produtividade das indústrias eletrônica e automotiva do Japão refletem seu domínio da adaptação e refinamento criativos.

A MENTE DE UMA CRIANÇA

EM SEU ESTUDO sobre os gênios que moldaram o século XX com sua criatividade, Howard Gardner descobriu que, embora cada um chegasse aos limites de seu campo — "Picasso, aos 20 anos, pintava melhor que qualquer outro no mundo; Einstein, aos 20 anos, sabia física como ninguém" —, todos partilhavam uma espécie de viço infantil na abordagem de seu trabalho. "Eles tinham alguma coisa de criança, tanto no sentido de explorar livremente um território, com o mundo inteiro à sua frente, quanto no de admirar-se com as coisas que impressionam as crianças", observa Gardner.

"Einstein perguntava como seria viajar num raio de luz. Muitas crianças fazem essa pergunta, mas poucos adultos.

Picasso indagava: 'Que acontecerá se apanharmos um objeto e o quebrarmos até fragmentá-lo em inúmeras partes diferentes?' Freud fez perguntas rudimentares sobre os sonhos. Martha Graham dançou no estilo mais formal e elementar.

"Acho que toda pessoa — seja ela criativa em C maiúsculo ou c minúsculo — procura não apenas conhecimento e perícia, mas também um modo de ser criança, de fazer aquelas perguntas e resolver aqueles problemas que as crianças enfrentam diariamente e que quase todos nós aprendemos a colocar à parte juntamente com outras características infantis."

A criatividade lança raízes na infância, e as condições nas quais se desenvolve ou definha serão examinadas no próximo capítulo.

CAPÍTULO 2

A CRIATIVIDADE NA CRIANÇA

Todos os dias, aquela criança saía.
E o primeiro objeto em que punha os olhos, nele se tornava.
Aquele objeto passava a fazer parte dela o dia todo, ou parte do dia,
Ou por anos e ciclos intermináveis de anos.

Os frescos lilases se transformaram na criança,
E a relva, e as brancas e rubras ipoméias, e os rubros e brancos trevos, e a canção do papa-moscas,
E os cordeiros, e os leitões, e os potros, e os bezerros,
E o relinchar barulhento da estrebaria e os ruídos do pântano,
E os peixes saltando lá embaixo,
E o belo e curioso líquido,
E as plantas aquáticas com suas graciosas corolas achatadas, tudo se fez parte dela.

— WALT WHITMAN

WALT WHITMAN capta muita coisa do que sabemos a respeito de crianças e criatividade: para a criança, a vida é uma aventura criativa.

As mais básicas explorações do mundo da criança são, em si mesmas, exercícios criativos de solução de problemas. Ela inicia um processo vitalício de inventar-se. Nesse sentido, toda criança reinventa a língua, o andar, o amor. A arte é redescoberta nos primeiros rabiscos que ela chama de "cãozinho". A escultura começa quando a criança descobre o prazer de enrolar um pedaço de argila na forma de uma cobra. As sementes da matemática brotam quando essa mesma criança compreende que a argila em forma de cobra é a mesma quantidade de argila do pedaço inicial. A história da música tem início quando o bebê se diverte batendo palmas de forma rítmica.

"A semente da criatividade", diz a psicóloga Teresa Amabile, "já se encontra na criança: o desejo e o impulso de explorar, de descobrir coisas, de tentar, de experimentar modos diferentes de manusear e examinar os objetos. Enquanto crescem, as crianças vão construindo universos inteiros de realidade em suas brincadeiras."

A máquina de lavar é entregue numa caixa de papelão grosso. Durante semanas as crianças brincarão com a caixa, abrindo-a, dobrando-lhe as bordas, inventando e reinventando: uma caverna de urso, a barquinha de um balão flutuando sobre os campos, um navio pirata, uma estação espacial, uma loja — tudo, menos uma caixa vazia dentro da qual veio a máquina de lavar.

A Criatividade na Criança

Nossa experiência de criatividade na infância é responsável por muito do que fazemos na idade adulta, do trabalho à vida familiar. O vigor — de fato, a própria sobrevivência — de nossa sociedade depende da educação de jovens ousados, capazes de resolver problemas de uma forma inovadora.

Os pais podem encorajar ou reprimir a criatividade dos filhos no ambiente doméstico, ou pelo que eles exigem das escolas. Sem dúvida, os pais querem conhecer os meios de cultivar a criatividade de seus filhos, preservar ao máximo a espontaneidade e a capacidade que eles têm de admirar-se. Em se tratando da criança, tudo é possível, tudo é concebível.

Todavia, o deleite e a curiosidade natural da criança são apenas parte da história. Quanto mais aprendemos sobre criatividade, mais fica claro que o fascínio inicial da criança por uma *determinada* atividade é que prepara o caminho para uma vida criativa. Esse interesse espontâneo induz a criança a esforços contínuos e experiências diretas que promovem a perícia, seja no piano, na pintura ou na arquitetura.

Se pudermos banir a estreita e tradicional concepção da inteligência e do progresso, existem inúmeros meios de fomentar o espírito criativo na criança. Para

IDÉIAS ORIGINÁRIAS DA ZONA CREPUSCULAR

Os neurologistas informam-nos que o padrão de ondas cerebrais de um pré-adolescente, em estado de vigília, é rico em ondas *theta*. Essas ondas são muito mais raras nos adultos e ocorrem com mais freqüência no estado hipnagógico, uma zona crepuscular vizinha ao sono em que sonho e realidade se misturam.

Portanto, a consciência desperta da criança compara-se ao estado mental que os adultos experimentam, principalmente nos momentos que antecedem o sono profundo. Essa pode ser uma das razões pelas quais a realidade da criança abarca naturalmente o absurdo e o bizarro, o ridículo e o terrível. A percepção da criança desperta está mais aberta aos conceitos novos e às idéias ousadas.

Na puberdade, o cérebro começa a assemelhar-se ao dos adultos. As ondas cerebrais *theta* e a intensa propensão criativa da criança vão desaparecendo.

Algumas pessoas, no entanto, conservam a riqueza dos estados *theta* por muito tempo. Thomas Edison pôs o estado hipnagógico a trabalhar quando atingiu a maturidade. Tinha, para isso, uma técnica infalível. Sentava-se com os braços estirados lateralmente sobre os braços da poltrona, segurando em cada mão um rolamento de esferas. Debaixo de cada mão, no assoalho, colocava dois pratos. Quando mergulhava no estado intermediário entre a vigília e o sono, as mãos se abriam naturalmente e os rolamentos caíam nos pratos. Despertado pelo barulho, Edison rapidamente tomava nota das idéias que tivera.

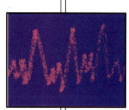

isso, entretanto, devemos partir de uma compreensão básica do desenvolvimento humano.

O motivo de não ser necessário ensinar às crianças a se mostrarem criativas é que a criatividade é essencial para a sobrevivência dos homens. Praticamente todas as outras espécies do reino animal já nascem com um repertório completo de reflexos e respostas. Não acontece assim com os humanos: só nós precisamos aprender a dominar, desde os rudimentos, quase tudo de que necessitamos para sobreviver.

O cérebro e o sistema nervoso central continuam a desenvolver-se até a adolescência. Com a idade de 8 anos, o crânio finalmente se solda, protegendo o encéfalo. Entretanto, apenas com mais ou menos 12 anos é que o cérebro atinge a plenitude de suas características adultas.

Do nascimento à infância, o cérebro possui muito mais neurônios do que na idade adulta. Às vésperas da puberdade, o cérebro sofre um processo chamado "poda", no qual milhões de conexões neurológicas desaparecem, enquanto outras se encaixam nos esquemas que serão preservados ao longo da vida.

Segundo uma teoria, os esquemas neurais usados com mais freqüência durante a infância têm mais probabilidade de sobreviver à poda. Isso sugere que os hábitos estabelecidos nessa fase possuem notável significação para o potencial adulto, justificando as palavras profundas de Alexander Pope: "Assim como o ramo se curva, a árvore se inclina".

Como Alimentar a Criatividade

SE A CRIATIVIDADE é uma condição natural da criança, o que acontece na passagem para a maturidade? Muitos de nós nos reconheceremos na triste história da pequena Teresa Amabile, hoje uma especialista em criatividade.

"Eu estava no jardim-de-infância e minha querida professora, a Sra. Bollier, viera ter com a minha mãe uma conversa de fim de ano. E, é claro, eu tentava ouvir essa conversa do quarto ao lado."

Teresa espantou-se quando a Sra. Bollier disse à mãe: "Acho que Teresa revela um imenso potencial para a criatividade artística e espero que o desenvolva com o passar dos anos".

"Eu não sabia o que era a tal *criatividade*, recorda ela, "mas soou como uma coisa muito boa, sem dúvida.

Lembro-me de que corria todos os dias para a escola, muito excitada ante a perspectiva de postar-me diante do cavalete para brincar com aquelas tintas brilhantes e os grandes pincéis que possuíamos. Havia também uma mesa com material de arte à nossa disposição. De volta a casa, dizia a mamãe que queria brincar com lápis de cor, desenhar, pintar."

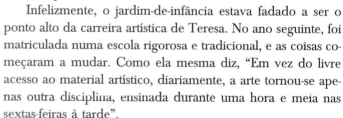

Infelizmente, o jardim-de-infância estava fadado a ser o ponto alto da carreira artística de Teresa. No ano seguinte, foi matriculada numa escola rigorosa e tradicional, e as coisas começaram a mudar. Como ela mesma diz, "Em vez do livre acesso ao material artístico, diariamente, a arte tornou-se apenas outra disciplina, ensinada durante uma hora e meia nas sextas-feiras à tarde".

Semana após semana, durante todo o curso primário, era a mesmíssima aula, fraca, desestimulante até. "Entregavam-nos pequenas reproduções de obras-primas da pintura, uma por semana. Lembro-me de que, certa vez, recebemos uma cópia da *Adoração dos Magos*, de Da Vinci.

A finalidade era a apreciação estética, mas não foi assim que o professor a usou. Ao contrário, mandou que apanhássemos o material de arte e o copiássemos. Segundanistas copiando Da Vinci numa folha solta de papel e com lápis de cor! Um verdadeiro exercício de frustração.

Nessa idade, não se tem habilidade suficiente sequer para fazer com que todos aqueles anjos e cavalos caibam na página, quanto mais deixá-los parecidos com alguma coisa! Sim, era muito desestimulante. Nós mesmos podíamos ver que o resultado era péssimo.

Ninguém nos ajudou a desenvolver nossa perícia. Pior: recebíamos notas por aquelas monstruosidades, de modo que nos sentíamos extremamente pressionados. Eu tinha consciência, na época, de que a minha motivação para a atividade artística estava sendo completamente anulada. E já não desejava, de volta a casa, no fim do dia, apanhar o material para pintar ou desenhar."

OS ASSASSINOS DA CRIATIVIDADE

AS PRESSÕES PSICOLÓGICAS que inibem a criatividade da criança ocorrem bem cedo na vida. Muitas crianças do jardim-de-infância, da pré-escola e mesmo do primeiro ciclo gostam da escola. Interessam-se por aprender e explorar. Mas quando estão na terceira ou quarta série, poucos a apreciam ou sentem prazer com a própria criatividade.

A Dra Amabile identificou, em sua pesquisa, os principais assassinos da criatividade:

• **Vigilância**: rondar as crianças, fazendo-as sentir que estão sendo constantemente observadas enquanto trabalham. Sob observação constante, a criança não mais assume riscos e o impulso criativo se retrai.

• **Avaliação**: consiste em fazer as crianças se preocuparem com o julgamento alheio de seu trabalho. Elas devem, primariamente, ficar satisfeitas com suas realizações, em vez de se inquietarem com avaliações, notas ou opiniões de colegas.

• **Recompensas**: uso excessivo de prêmios, como medalhas, dinheiro ou brinquedos. Em excesso, as recompensas privam a criança do prazer da própria atividade criativa.

A Criatividade na Criança

• **Competição**: consiste em colocar a criança na contingência desesperada de vencer ou perder, quando apenas uma galgará o topo. Deve-se consentir que a criança progrida segundo o seu próprio ritmo. (Existem, é claro, competições saudáveis que fortalecem o espírito de grupo ou equipe, conforme veremos na página 84.)

• **Controle excessivo**: dizer às crianças, minuciosamente, o que devem fazer — sua tarefa de casa, seu trabalho doméstico e até suas brincadeiras. Pais e professores freqüentemente confundem esse tipo de microgerenciamento com seu dever de instruir. Isso leva a criança a sentir que toda originalidade é um erro, toda exploração uma perda de tempo.

• **Restrição de escolhas**: dizer às crianças quais atividades devem empreender em vez de deixar que se encaminhem para onde as levam a curiosidade e a paixão. O melhor é permitir que escolham o que lhes interessa e apoiar essa inclinação.

• **Pressão**: alimentar esperanças grandiosas quanto ao desempenho da criança. Por exemplo, os regimes de força, que obrigam as crianças menores a aprender o alfabeto ou a aritmética antes que tenham real interesse podem facilmente produzir resultado contrário e despertar nelas verdadeira aversão pela matéria imposta.

Um dos piores assassinos da criatividade, porém, é mais insidioso e tão enraizado em nossa cultura que poucos o notam. Refere-se ao tempo.

Se a motivação intrínseca é uma das chaves para a criatividade da criança, o elemento principal de seu cultivo é o tempo: tempo livre para que ela saboreie e explore uma dada atividade ou material, tornando-os coisa sua. Talvez um crime hediondo que os adultos cometam contra a criatividade de uma criança seja surrupiar-lhe esse tempo.

De um modo mais natural que os adultos, as crianças entram nesse estado de criatividade absoluta que é o *fluxo*, no qual a absorção total engendra o máximo de prazer e originalidade. No fluxo, o tempo não importa; existe apenas o momento atemporal. Trata-se de um estado em que as crianças se sentem mais à vontade que os adultos, pois estes se dão mais conta da passagem do tempo.

"Um dos ingredientes da criatividade é o tempo ilimitado", afirma Ann Lewin, diretora do Capital Children's Museum em Washington, D.C. O museu da criança é um espaço criado para mergulhá-las no estado de fluxo. Mas, como Lewin observa ali, diariamente, há grande diferença entre os ritmos das crianças que comparecem e dos adultos que as acompanham.

"As crianças são capazes de absorver-se no que fazem de um modo bem mais difícil para os adultos", diz Lewin. "Elas precisam da oportunidade de seguir suas inclinações naturais, aplicar seus talentos próprios, avançar até onde a sua vocação as possa levar."

Infelizmente, as crianças são interrompidas, arrancadas de sua concentração; seu

desejo de terminar um trabalho às vezes é frustrado. Lewin explica: "Os adultos são compelidos a observar tudo. Mas há centenas de coisas que podem segurar as crianças aqui, coisas que as absorvem por horas a fio. O que vemos, no entanto, são os adultos interrompendo-as, puxando-as e dizendo-lhes: 'Já chega, vamos embora'.

Nada pior que ser interrompido no meio de um processo. O problema é que vivemos com pressa, por isso as crianças são repetidamente impedidas de completar seus trabalhos. Ficam sujeitas a programações e não têm tempo de obedecer ao próprio ritmo.

Nós, adultos, somos muito apressados, muito ocupados. Vejo que os nossos filhos nunca têm tempo suficiente: ou são superorganizados ou suborganizados. Eles precisam continuar trabalhando enquanto o trabalho cativar imaginação, ainda que isso dure dias ou semanas.

A cultura da pressa significa que, constantemente, o adulto aparece no exato momento criativo em que a criança está prestes a dominar o que faz — e põe tudo a perder. Há o sino da escola, que interrompe os trabalhos; a urgência das atividades extracurriculares; a agenda dos pais roubando o tempo das crianças, que disparam pela vida afora sem se desdobrarem no ritmo natural. Isso, mais que qualquer outra coisa, esmagará a criatividade."

Não é apenas nas excursões aos museus que o tempo de adultos e crianças se revela conflitante. Observem uma criança brincando num monte de areia: ela enche o balde e o esvazia; enche-o de novo e novamente o esvazia, e assim vai.

"O pai, que apenas quer preparar a argamassa, fica maluco ao ver isso", diz Lewin. "O adulto tem em mente um produto final, qualquer que seja a atividade, e toda ação que o desvie desse fim parece inútil e, portanto, frustrante."

A Criatividade na Criança

Quatro Ferramentas

Você dispõe de quatro poderosas ferramentas para desenvolver a sua criatividade:
★ Fé na própria criatividade
★ Ausência de julgamento
★ Observação acurada
★ Perguntas argutas

Fé é uma palavra mágica. Por ter fé em alguma coisa, entendemos aqui: ser capaz de confiar nela, sem segundas intenções. Ter fé é *saber* que se possui um poder interior sempre à disposição. Isso é o que a criatividade pode tornar-se para você — e a fé fortalecerá a presença dessa criatividade em sua vida cotidiana.

Como disse São Paulo na *Epístola aos Hebreus*, a fé "é a evidência das coisas não-vistas e a substância das coisas desejadas". Quando as pessoas têm fé em sua criatividade, demonstram uma clareza de propósitos capaz de estarrecer os que as cercam.

A segunda ferramenta é a ausência de julgamento, que consiste em aprender a silenciar aquela voz interior da autocrítica que censura nossas idéias antes que elas se concretizem. Sua "voz de julgamento", ou "VDJ", pode tornar difícil para você acreditar que já teve boas idéias alguma vez. Um modo eficiente de calar a tagarelice negativa da VDJ é praticar os exercícios respiratórios apresentados nas páginas 24-26.

OS MÉRITOS DO RABISCO

A PERÍCIA — um dos objetivos essenciais da infância — é obtida por meio de uma ação que se repete indefinidamente. Isso significa ensaiar cada passo ao longo do caminho, sem consideração por resultados imediatos. Dar à criança atividades sem conclusão à vista permite-lhe repeti-la inúmeras vezes, de várias maneiras, e assim aperfeiçoar o que tem em mente.

A repetição não apenas aperfeiçoa a técnica como permite à criança sentir que aquela atividade lhe pertence, faz parte dela. A longo prazo, isso pode revelar-se mais importante para a criatividade do que a mera proficiência: leva a criança a apaixonar-se pelo que pratica.

Algumas crianças, por exemplo, passam horas desenhando no caderno, no livro, na carteira, em toda parte. Professores e pais costumam considerar isso uma digressão sem objetivo das atividades mais importantes. Há, porém, outro ponto de vista.

O Capital Children's Museum certa vez convocou por toda a cidade de Washington estudantes que enlouqueciam os professores porque só o que faziam em classe era desenhar. O museu dispôs várias dezenas desses artistas-mirins em classes de animação. Concluiu-se que aquelas horas infindáveis que passavam rabiscando figuras em capas de livro e folhas de caderno não eram "perda de tempo", como pensavam os professores, mas um passo essencial no domínio de uma técnica. As classes de animação simplesmente proporcionaram o ambiente em que a técnica era apreciada e a prática valorizada.

A prática bem-sucedida desenvolve a confiança e a fé em si mesmo. Albert Bandura, psicólogo de Stanford, chama essa crença de *auto-eficácia*, o senso de que podemos encarar desafios. Suas pesquisas mostram que pessoas dotadas de pouca auto-eficácia são compreensivelmente tímidas. Têm pouquíssima fé em si mesmas ou em sua capacidade de vencer. Odeiam o risco porque o risco as assusta.

Aqueles, porém, que confiam em sua perícia enfrentam a novidade com a energia proveniente do conhecimento e do-

O Espírito Criativo

mínio de inúmeros desafios anteriores. Esse senso brota, em larga medida, de uma história de realizações — montar a cavalo, tocar piano, resolver uma equação, compor um poema, atuar numa peça, etc. Para essas pessoas, o desconhecido é estímulo, e não ameaça. Gostam do risco. Querem tentar o novo, o ignorado, o completamente original.

A autoconfiança depende, também, da certeza de que os adultos — pais e professores — apreciam o talento da criança. A crítica constante ou a indiferença às realizações podem minar a auto-eficácia até mesmo da criança mais promissora. Ela é, então, atormentada pela dúvida e a insegurança. Ao longo da vida, escutará um murmúrio interior, os ecos das observações depreciativas que lhe lançaram na infância.

Em suma, o espírito criativo ainda implume alimenta-se do encorajamento e fenece com as críticas. Dominar uma tarefa é uma das maneiras pelas quais as crianças desenvolvem a autoconfiança. Saber que foram elogiadas por um bom trabalho é outra. Devemos julgar o esforço de uma criança por seus próprios padrões, elogiando-a para que continue a progredir.

CRIANÇAS NÃO SÃO ADULTOS EM MINIATURA

"CRIANÇAS NÃO SÃO adultos em miniatura", garante Chuck Jones, criador de Wile E. Coyote, Papa-léguas e vários outros personagens famosos dos cartuns. "Mas são *profissionais*. Seu trabalho é brincar, experimentar, investigar coisas diferentes.

Quando mamãe ralha 'Fique quieto, Júnior, seu pai trabalhou o dia inteiro e está cansado', o pequeno pode legitimamente rebater: 'Eu também brinquei o dia inteiro'. E ele é isso mesmo, um profissional tanto quanto um médico. Ele está igualmente tão sujeito a equívocos como o médico quando esquece o fórceps."

Uma vez que as crianças cometem erros, os pais devem mostrar-se muito cautelosos quanto às críticas. A criatividade da criança não pode desenvolver-se sob crítica constante — mas o elogio fora de lugar também costuma ser prejudicial.

Chegamos, agora, à terceira ferramenta: **observação acurada**. Significa contemplar o mundo com a admiração de uma criança e a precisão de um cientista; considerar todas as coisas à volta com uma consciência juvenil.

A quarta ferramenta é a **capacidade e a vontade de fazer perguntas argutas**, embora muitas dessas perguntas sejam consideradas "idiotas". O inventor Paul MacCready nos lembra: "A única pergunta idiota é aquela que não foi feita".

A fim de ajudá-lo a dominar essas ferramentas, criamos uma série de exercícios que você poderá adaptar à sua própria agenda e às suas necessidades. Os exercícios exigem que se incorpore à vida diária uma determinada orientação ou norma prática. Chamamos essas orientações de "heurísticas", o que parece bastante apropriado porque a palavra é da mesma raiz grega da exclamação *Eureka!*, sempre associada aos momentos criativos.

Recomendamos que adote uma dessas orientações por um certo período de tempo — idealmente, não menos que 24 horas e não mais que uma semana.

Por exemplo, para conviver com o "Preste atenção" heurístico (cuja finalidade é aguçar a observação), programe seu relógio digital para avisá-lo na hora marcada; assim, você ficará plenamente consciente do que se passa ao redor naquele momento. A idéia é romper, fraturar subitamente a consciência rotineira, que põe a dormir seus poderes de observação.

Outro modo de promover a ruptura (especialmente se você passa a maior parte do tempo no escritório) é procurar um cantinho sossegado num parque. Sente-se ali por algum tempo e faça com que os seus sentidos captem todas as impressões visuais e olfativas.

VER PÁG. 59

"O amor dos pais não é uma fonte, é um poço. Se você vai muitas vezes ao poço, ele se esgota. Mas se ele estiver ali quando a criança precisar de um pouco de água, ótimo. A questão não é o que importa a você em seu amor pelo filho, mas o que importa ao filho no amor dele por você.

Era assim que os meus pais me amavam. Digamos, por exemplo, que fizesse um desenho com excesso de azul e algumas figurinhas engraçadas. Quando o mostrava à minha mãe, em vez de ela perguntar: 'O que é?', dizia: 'Puxa, você exagerou no azul, não exagerou?'" Essa atitude não reflete crítica, apenas uma reflexão honesta sobre o trabalho da criança. "Sempre se pode fazer alguma observação sobre um desenho infantil que nada tenha que ver com crítica", afirma Chuck Jones.

"Pais que nada sabem de crítica de arte sentem-se absolutamente à vontade criticando os trabalhos dos filhos. Também agem de modo inconveniente aqueles que, mal o filho aparece com um desenho, colam-no no refrigerador e exclamam: 'É maravilhoso!'

Nem tudo é necessariamente maravilhoso, e se você insistir em dizer 'maravilhoso' o tempo todo à criança, ela, subconscientemente, começará a pensar: 'Não acredito nesse camarada', pois ela sabe muito bem que nem sempre aquilo que faz é maravilhoso."

Chuck Jones apresenta o seguinte exemplo do pai como crítico de arte. Digamos que uma menina desenhe uma flor:

"Não é um desenho ruim", pondera Jones. "Entretanto, muitos pais não conseguem esquecer a idéia de que são críticos. Por isso dizem: 'O que é isto? Você mesma ao lado da flor?' A pequerrucha responde: 'Sim'. O pai continua: 'Mas a flor é maior que você!' Pronto: acabou-se. Acontece que quando descobrimos alguma coisa — quando olhamos para ela e concluímos que nunca a vimos antes —, ela nos parece maior do que nós. Parece enorme. As formigas, por exemplo, são maravilhosas: você se deita na relva, olha por entre as folhas, e lá estão aqueles monstros. Assim, talvez a menina esteja conhecendo a flor, mirando-a realmente pela primeira vez. E a flor é enorme.

Em seguida, o pai diz: 'E isto aqui, o que é?' A criança

diz: 'Sou eu; estou dançando'. E o pai: 'Mas você só tem um joelho. Onde está o outro?'

Isso é absurdo. Repare em você mesmo quando está dançando. Parece que tem dez cotovelos, catorze joelhos e uma infinidade de calcanhares por toda parte.

Por isso, quando uma criança mostrar-lhe um desenho, tente descobrir como é diferente de outros desenhos. Mas não olhe o desenho, olhe a criança. Se ela se mostra orgulhosa do trabalho, você tem direito de participar desse orgulho — e, dessa forma, fica muito mais próximo do filho.

Entretanto, se a criança se mostrar infeliz com o que fez, não diga: 'Está ótimo!' Isso não a fará sentir-se melhor, pois sabe que não é verdade. Ela não deve ser desenganada, mas com certeza não está enganada."

PRAZER, NÃO PRESSÃO

A CRIATIVIDADE DESABROCHA quando fazemos as coisas por prazer. Quando uma criança aprende uma forma criativa, conservar a alegria importa tanto quanto "fazer certinho", se não mais. O que vale é a satisfação, não a perfeição.

Muitos pais desejam, por exemplo, que os filhos desenvolvam algum tipo de habilidade musical. Talvez eles próprios lamentem não ter aprendido a tocar um instrumento e queiram que os filhos não percam essa oportunidade. E assim começa o ritual infantil de tomar lições de música.

Infelizmente, nem sempre esse desejo se concretiza: a criança estuda por alguns meses, às vezes anos, e, depois, perde todo o interesse. Declara que não quer mais tocar piano; que está farta do trombone; ou que o violino, de tão frustrante, se tornou odioso.

O melhor é acompanhar, não forçar; deixe a criança assumir a dianteira. Eis uma história contada pela professora Teresa Amabile: "Tenho um casal de amigos na Califórnia que queria que sua filha tocasse piano. No entanto, os dois faziam tudo para não destruir o amor da filha pela música, como acontecera com eles quando também foram forçados a tomar lições de piano.

Fé na Própria Criatividade

A CRIATIVIDADE brota de fontes que temos em abundância dentro de nós. Fé na própria criatividade significa fé em recursos específicos à nossa disposição. Um deles é a intuição, meio de conhecer imediatamente uma coisa sem recorrer a um processo de raciocínio. Costumamos considerar a intuição como um palpite ou uma percepção súbita.

Outro recurso é a vontade, a força que podemos mobilizar para materializar objetivos. As pessoas criativas freqüentemente têm um senso de missão que as empurra para a frente, mesmo quando as chances são contrárias. O terceiro recurso é a alegria, o deleite que permeia uma atividade e a torna em si mesma uma recompensa.

Costumamos falar sobre criatividade em termos de rupturas. Mas, para romper a barreira do medo e da crítica, que tenta deter-nos, precisamos fazer uso de uma quarta qualidade: a coragem. A criatividade implica aceitação do risco apropriado, além de nos permitir o emprego da intuição e da vontade.

O último recurso é a compaixão. Ela nos habilita a colaborar, a trabalhar em equipe, a valorizar os esforços dos colegas, ainda que eles falhem. A compaixão voltada para nós mesmos silencia a voz do autojulgamento, que desencoraja a aceitação do risco.

Examine por um momento como seria sua vida

se pudesse empregar alguns desses recursos criativos.

Confirme Seus Recursos Criativos

V**ocê sem dúvida** conhece o método psicológico de criar a imagem daquilo que deseja fazer, antes de realmente concretizá-lo. Tenistas, golfistas, halterofilistas, esquiadores e mergulhadores costumam empregar variações de uma técnica pela qual visualizam antecipadamente sua atuação. Formando palavras ou imagens na mente, eles mobilizam a vontade e confirmam suas intenções. Do mesmo modo, este exercício vai ajudá-lo a apelar para seus recursos, a fim de resolver problemas.

Ele não produz necessariamente resultados imediatos, mas, praticado com regularidade, melhorará sua disponibilidade para novas idéias.

◉ Sente-se confortavelmente com as costas retas e as mãos bem relaxadas. Feche os olhos e tome algumas inspirações profundas. Em seguida, passe a respirar normalmente. Repare nas pausas entre as respirações. Deixe que os pensamentos apareçam e desapareçam sem dar conta deles. Agora, faça com que um problema ou questão importante assuma o posto central em sua mente. Apresente o proble-

Ocorreu-lhes uma idéia brilhante: alugaram um piano. Isso significava uma despesa menor, o que muitas vezes é parte do problema. Pais que adquirem o instrumento estão sempre ameaçando os filhos: 'Por Deus, você vai aprender esse troço. Gastamos um monte de dinheiro nele'.

Como meus amigos tinham apenas alugado, não houve essa pressão. A filha tinha 7 anos e eles a levaram para ajudar a escolher o piano, o que lhe deu certo senso de envolvimento com o negócio. Quando o instrumento chegou, nada insinuaram a respeito de lições. Disseram apenas: 'Ah, o tio Luís toca piano e costuma vir sempre aqui. Quando vier, será bom ter algo para cantarmos juntos enquanto ele tocar para nós'.

Mas o que é um piano para uma criança daquela idade? Um brinquedo grande. A menina não conseguia afastar as mãos do teclado. Estava sempre rodeando o piano. Isso durou bom tempo e, mesmo, passou a ser uma recompensa para ela. Sua execução começou a ficar um pouco barulhenta, por isso ela só podia tocar em certos períodos do dia. E vivia espiando o relógio, à espera da hora em que poderia correr ao piano.

Após algum tempo, percebeu que não estava fazendo música — apenas barulho. Pediu então aos pais que a ensinassem a tocar uma canção. Mas eles explicaram: 'Infelizmente, não sabemos tocar piano'. A menina tentou martelar algumas canções por conta própria, mas sentiu-se frustrada e começou a perguntar: 'Será que conseguirei aprender a tocar músicas como o tio Luís?' E os pais responderam: 'Ah, para isso precisará de uma professora de piano'. E ela pediu uma professora de piano.

Depois que ficou claro, para a criança e para os pais, que ela realmente queria aquilo, eles finalmente a deixaram começar. E ela adorou."

✳◉✳
A ATMOSFERA DO LAR

Imagine uma casa em que a porta do quarto do casal está coberta de grafites (por exemplo, a frase "Odeio tarefas de casa" escrita pela mão de uma criança em diversos estilos

O Espírito Criativo

de letras), um tubo de neon faiscando "opa", as paredes do banheiro estreladas de postais esquisitos, a porta de um quarto empastelada com decalques brilhantes. Além disso, jogos e livros por todo lado, um lagarto e um peixe, um teclado eletrônico, um casal de gatos e um casal de cães, um computador, uma guitarra, um quarteto de caranguejos e uma ninhada de cobras.

Excentricidade? Talvez, mas em nada diferente de inúmeras casas onde vivem crianças ativas e curiosas. E isso é apenas o catálogo parcial do ambiente de Jason Brown, cuja peça *Tender Places* [Lugares Amenos], escrita quando ele tinha 11 anos, venceu o Concurso dos Jovens Dramaturgos e, mais tarde, foi produzida na televisão.

A lista das coisas esparramadas pela casa de Jason foi elaborada pela professora Amabile, após uma visita em que ela desejava descobrir o tipo de vida familiar que podia estimular tamanha criatividade. Ela encontrou uma casa atulhada de coisas inusitadas e curiosas, com as ferramentas para expressão criativa sempre à mão. O lar de Jason exemplifica o ambiente profusamente variado que conduz à criatividade.

Mas um ambiente físico estimulante é apenas um dos termos da equação. Amabile, como muitos outros pesquisadores, identificou *atitudes* específicas que também despertam o espírito criativo nos jovens. Nas famílias criativas, a atmosfera é diferente: ali há mais espaço para respirar. Pais de crianças criativas dão-lhes uma liberdade que talvez pareça excessiva. Essa liberdade pode implicar uma colaboração com a criança em seus impulsos criativos. Vejamos o caso seguinte:

Estamos na década de 1950. Na cozinha, a mãe abre latas e despeja o conteúdo na panela de pressão. O filho, escoteiro, quer ganhar uma medalha de filmagem. O pai lhe deu uma câmera super-8. De repente, vem-lhe a inspiração para um filme de terror.

Para uma tomada, ele necessita de um líquido rubro, parecido com sangue, escorrendo de um armário de cozinha. A mãe então sai, compra trinta latas de cerejas e despeja-as na panela, obtendo um maravilhoso xarope vermelho.

A mãe não é do tipo que diz: "Vá brincar lá fora. Não quero essa porcaria dentro de casa". Ela é mais que prestimosa: deixa-lhe a casa livre para que a transforme em seu estúdio cinematográfico, removendo móveis, estendendo panos de

ma para si mesmo de um modo despido de julgamento ou emoção: ele apenas está ali, diante de seu olho mental.

A seguir, em voz baixa ou em pensamento, diga: "A intuição que existe dentro de mim já conhece a solução do problema". Deixe que essa idéia se enraíze. Procure até mesmo sentir a energia latente de sua intuição.

Respire normalmente por alguns instantes e passe à seguinte afirmação: "Dentro de mim, bem no centro de meu corpo, existe uma vontade absolutamente robusta, a base de tudo que eu possa fazer para solucionar a questão".

Volte a respirar normalmente por alguns momentos. Faça agora esta afirmação: "Tenho coragem para fazer o que for preciso, a fim de resolver este problema". Permaneça sentado calmamente e procure sentir a presença da coragem.

Confirme agora a sua capacidade de compaixão: "Minha compaixão me permite simpatizar com os outros e perdoar-lhes os erros, assim como perdôo os meus próprios ao procurar solucionar este problema".

À medida que os pensamentos sobre os seus recursos lhe cruzam a mente, fixe a atenção no problema. Não tente resolvê-lo; antes, renda-se a ele, remetendo-o gentilmente aos recursos que acaba de confirmar.

Quando estiver pronto, abra os olhos. ℮

Depois disso, será fácil tomar consciência de seus recursos em meio às atividades diárias. E se precisar

A Criatividade na Criança

"recarregar", faça as afirmações novamente. Note que as palavras dessas afirmações não estão gravadas em pedra. Elas trazem apenas as sementes de uma idéia, e você deve sentir-se inteiramente livre para exprimir essa idéia com as palavras que melhor lhe convierem.

VER PÁGINA 103

fundo sobre as coisas. Ajuda-o a fazer roupas e até atua em seus filmes. Quando ele precisa de uma cena de deserto... ela coloca-o no jipe e leva-o ao deserto.

A cena da cozinha "ensangüentada", lembrou-se ela mais tarde, obrigou-a a catar cerejas pelas gavetas e armários durante anos.

Nome do filho: Steven Spielberg.

Amabile cita a mãe de Spielberg como exemplo de pais que apóiam o talento e a paixão dos filhos: "Imagine que efeito isso teria em você, se fosse criança. Está excitado com alguma coisa, começando a desenvolver as suas habilidades, e seus pais lhe permitem que as explore plenamente, ainda que isso signifique uma bagunça pela casa inteira".

Não é uma lição fácil para todos os pais. "O que mais aprendi de minha própria filha, Christene, sobre criatividade, foi não controlar em excesso, mas dar liberdade e espaço", confessa Amabile.

"Quando ela era bem pequenina, com mais ou menos 3 anos de idade, costumava observá-la às voltas com um novo brinquedo, um jogo ou algo que lhe caíra nas mãos. Ela tentava juntar peças ou manusear o objeto de um modo que eu sabia ser errado: não era daquele jeito que se 'devia' jogar. Se me apressava a dizer-lhe: 'Não, não, filhinha, deixe-me mostrar como se faz. É assim ou assado', imediatamente ela perdia o interesse."

"VOCÊ NUNCA VAI SER NADA"

Benny Golson, compositor e músico de *jazz*, dedicou-se apaixonadamente à música bem cedo na vida, quase à custa de todas as outras atividades. "Eu não tinha *hobbies*. Não ia a estádios e não fazia o que as outras crianças faziam porque ficava em casa tentando aprender alguma coisa sobre esse negócio chamado música. Lembro-me de que um amigo veio me visitar. Ele queria se divertir, enquanto eu insistia em praticar.

Ao ir embora, fez-me uma observação muito desencorajadora: disse-me que eu nunca seria nada na vida, então para que perder tempo? Mas ele não sabia que eu *tinha* de fazer aquilo."

Mas quando propiciava as coisas para Christene e deixava que se 'virasse' sozinha, tudo era diferente. Então, ela podia apanhar qualquer objeto que eu espalhasse pela casa, observá-lo e brincar com ele; dessa maneira, era incentivada a fazer o que estava a seu alcance. E eu me dispunha sempre a responder às suas perguntas, embora preferisse afastar-me um pouco.

Assim, entendi que ela estava descobrindo novas formas de jogar e brincar. Talvez não fosse o modo certo, mas Christene se mostrava criativa."

Inteligência: Uma Visão Revolucionária

QUANDO OS PAIS dão apoio à criatividade dos filhos, descobrem o que os psicólogos estão agora confirmando: a maioria das crianças tem um talento natural, uma vocação para determinada atividade.

Uma visão muito difundida, porém questionável, sustenta que a criatividade é a capacidade única — que pode ser testada e quantificada — para empreender qualquer coisa de modo original. Essa tese vem sendo cada vez mais contestada. Os pesquisadores, atualmente, questionam se os psicotestes que fornecem um "quociente de criatividade", à maneira dos resultados dos testes de QI, fazem justiça ao poder criativo da criança.

Um dos testes de criatividade mais comuns utilizados nas escolas, por exemplo, pergunta a propósito de objetos como uma sucata ou outro item qualquer do cotidiano: "Que usos você pode imaginar para isto?" A avaliação se baseia no número de respostas dadas, no caráter inusitado dessas respostas e na quantidade de detalhes oferecida por cada uma. Assim, uma longa lista de pormenores descritivos, altamente originais e intricados, sobre os possíveis usos do objeto proporciona um resultado excelente em termos de "criatividade".

Entretanto, muitos educadores e psicólogos, como Howard Gardner, mostram-se céticos com respeito a essas mensurações de criatividade. Em vez de confiar em um único teste, Gardner sugere que deveríamos observar como as crianças respondem a toda uma variedade de materiais pertinentes a diversas áreas de atuação, inclusive música, dança e relações interpessoais.

Essa abordagem evita a determinação do grau de criatividade com base num teste que realmente só leva em conta a capacidade lingüística. Nesse sentido, a abordagem direta constitui uma maneira "inteligente" de determinar a criatividade, pois não avalia um tipo de criatividade de um modo que de fato exigiria habilidades completamente diferentes.

Mesmo no caso de objetos simples que os pais possuem em casa ou compram em loja, eles devem levar em consideração os interesses e aptidões dos filhos. Quando a criança pode explorar um amplo leque de atividades, sentimentos e talentos em formação, tem maior possibilidade de manifestar-se.

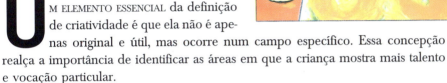

AS SETE INTELIGÊNCIAS

UM ELEMENTO ESSENCIAL da definição de criatividade é que ela não é apenas original e útil, mas ocorre num campo específico. Essa concepção realça a importância de identificar as áreas em que a criança mostra mais talento e vocação particular.

Para Gardner, um modo fecundo de abordar essa questão é pensar em termos dos diversos tipos de "inteligência". A inteligência da pessoa fornece a base para a criatividade; ela será mais criativa nos campos em que tiver mais energia. Gardner distingue sete inteligências primárias:

Linguagem

A INTELIGÊNCIA LINGÜÍSTICA é o dom dos poetas, prosadores e oradores; aqueles que amam a linguagem sob todas as formas, de James Joyce e Wladimir Nabokov aos mestres do *rap*. Uma das maneiras de desenvolver as habilidades lingüísticas da criança é induzi-la a criar histórias. Os pais conseguirão isso utilizando tabuleiros de jogos, bonecos, figurinhas e pequenos objetos caseiros a fim de montar um cenário imaginário. O cenário será depois povoado por personagens, como reis, rainhas e ursos, e exibirá recantos misteriosos, como cavernas e pântanos. Os pais poderão perguntar à criança: como o urso conseguiu atrair o rei até o fundo da caverna escura? A criança, então, inventará uma história sobre o acontecimento.

Nem toda criança pode ou deseja finalizar uma história. Quando o faz, Gardner observa se trabalhou imaginativamente, se brincou com sons e criou figuras de linguagem ou recorreu apenas a combinações triviais de palavras e seqüências rotineiras. "Crianças que não se sentem atraídas por essas histórias imaginárias podem revelar-se bons repórteres e utilizar a inteligência lingüística para fornecer relatos precisos daquilo que observam. Quem sabe um dia trabalharão para o jornal de sua cidade?", indaga Gardner.

Matemática e Lógica

Esse tipo de inteligência caracteriza os cientistas, matemáticos e outros cuja vida é governada pelo raciocínio. Tem sido particularmente valorizada no Ocidente, desde os tempos de Sócrates, e agora mais ainda, na era do computador. Inúmeros testes-padrão de inteligência enfatizam a lógica, dom de filósofos e sábios como Descartes e Newton.

Segundo Gardner, uma das maneiras de determinar esse talento é dar à criança a oportunidade de testar hipóteses simples. Gardner, por exemplo, mostra às crianças que, se elas misturarem duas substâncias de cores diferentes, obterão uma terceira cor. Ele então observa se as crianças continuam a experiência por conta própria, se tentam produzir outras combinações de cores e descobrir como isso aconteceu. Temos aí um indício de tendência ao pensamento lógico.

Em se tratando de capacidade aritmética, a questão é saber se a criança possui uma queda intuitiva para os números. Perguntas como: "Dois mais três é igual a...?" são irrelevantes. Mas alguns jogos constituem bons testes da propensão das crianças para os números.

"Em nossas pesquisas, empregamos um jogo em que a criança precisa derrotar-nos desde a cabeça até a cauda do dinossauro", diz Gardner. "O jogo inclui a estratégia, devendo a criança jogar não só com o seu dado, mas também com o nosso, sempre que desejar. Se ela conseguir lançá-lo de modo a ganhar sistematicamente, estará exibindo raciocínio lógico e matemático."

Música

De um modo geral, os jovens dotados de inteligência musical sentem-se atraídos pelo mundo dos sons, tentam produzir combinações sonoras agradáveis ou solicitam, insistentemente, a oportunidade de aprender a tocar um instrumento. No caso de um prodígio como Mozart, essa capacidade manifesta-se cedo e de um modo espetacular; diversos profissionais lembram-se de ter gravitado em torno de sua técnica, desde a mais tenra infância.

A exposição dos jovens à música, em casa, geralmente se limita ao que toca no rádio ou na televisão. Gardner propõe dar a eles a oportunidade de explorarem os sons e criarem suas próprias melodias. Existe, por exemplo, um carrilhão originalmente desenvolvido pela pioneira da educação Maria Montessori. Diz Gardner: "Tocar os sinos permite que as crianças explorem o mundo dos sons, reconheçam as notas altas e baixas, iguais e diferentes, irritantes ou excitantes. Depois, pode-se observar se são capazes de compor algumas cançonetas".

Raciocínio Espacial

RACIOCÍNIO ESPACIAL é a capacidade de determinar as direções no espaço. Envolve a aptidão para perceber as relações espaço-visuais — tanto as frontais, à maneira do escultor, quanto as mais amplas, como faz um piloto ao dirigir seu avião.

Um dos primeiros indícios dessa propensão é a habilidade na construção com blocos de madeira. Outro, a capacidade de visualizar um objeto de diferentes pontos de vista, que facilita a montagem e desmontagem de máquinas. Ser capaz de achar o caminho é outro talento espacial.

Não é difícil encontrar um aluno que se sai mal nas disciplinas escolares, mas revela habilidade com objetos mecânicos. Se dermos a ele um despertador ou qualquer outro objeto mecânico, ele o analisará, achará um modo de desmontá-lo e, em seguida, montá-lo-á novamente.

O mero fato de possuir uma acentuada inteligência espacial não significa que a pessoa vá se tornar um cientista ou artista, adverte Gardner. Entretanto, fornece um sólido indício do *tipo* de artista ou cientista que ela poderá vir a ser.

Einstein era dotado de vigorosa capacidade espacial: foi ela que lhe permitiu utilizar a "experiência mental" em que se imaginou cavalgando um raio de luz e teve a percepção básica da teoria da relatividade. Também Leonardo da Vinci exibia aguda inteligência espacial: era não apenas um pintor extraordinário, como em seus estudos anatômicos e projetos de máquinas — inclusive tanques e aeroplanos —, mostrava um forte senso de espaço. Além disso, Da Vinci escreveu poemas e canções, mas ninguém, observa Gardner, os conhece.

Movimento

À PRIMEIRA VISTA, parece estranho considerar o corpo como o núcleo de um tipo de inteligência. Afinal de contas, a tradição do Ocidente faz distinção entre corpo e espírito. Todavia, Gardner acredita que a capacidade de utilizar o corpo ou partes dele (como as mãos) para resolver problemas ou fabricar produtos é uma atividade intelectualmente tão estimulante quanto prever relações de causa e efeito.

O grande astro do basquetebol, Michael Jordan, e a falecida bailarina Martha Graham compartilham o gênio do movimento ou *inteligência físico-cinestética*. Cirurgiões e artesãos de todos os tipos apóiam-se na capacidade de utilizar o corpo inteiro, ou partes dele, para construir alguma coisa ou solucionar um problema.

A Criatividade na Criança

Muitas crianças começam a mostrar suas habilidades de movimento utilizando o corpo para solucionar problemas — nas "peladas" em campos de futebol improvisados, na criação de novas coreografias para líderes de torcida ou nos trabalhos com madeira. São elas que prosseguem raciocinando com o corpo, utilizando-o de maneiras inovadoras, e acabam tornando-se bem-sucedidos atletas, dançarinos, atores ou artesãos.

Inteligência Interpessoal

ASSIM COMO costumamos separar corpo e espírito, tendemos a associar inteligência com conhecimento do mundo das idéias, e não com conhecimento do mundo das pessoas. No entanto, a capacidade de entender os outros — aquilo que os motiva, como lidar eficientemente com eles, qual a melhor maneira de liderá-los, segui-los ou tratá-los — é fundamental para a sobrevivência em qualquer ambiente humano.

"Os testes tradicionais de inteligência ignoram o conhecimento das outras pessoas, talvez porque os acadêmicos que elaboram esses testes sejam pensadores com tendências solitárias", afirma Gardner. "Ora, se os testes fossem inventados por políticos ou empresários, a inteligência interpessoal ocuparia o topo da lista."

E acrescenta: "Mesmo em crianças muito pequenas, notamos uma sensibilidade especial para com os semelhantes. Elas observam atentamente as outras crianças e mostram-se capazes de induzi-las a agir do modo que lhes convém". No curso natural do dia, essa inteligência revela-se no modo como a criança lida com seus iguais e os adultos. Enquanto brincam, fazem música ou contam histórias, inúmeras crianças dão sinais dessa habilidade. Um deles é a liderança espontânea — a faculdade de decidir o que o grupo deverá fazer em seguida, de acalmar ou resolver disputas.

NOTÍCIAS DO
PASSADO CRIATIVO

Bem, todos sabemos que as pessoas criativas são apaixonadas pelo que fazem. Nosso exemplo, hoje, vem da Inglaterra, onde o jovem e promissor cientista Charles Darwin está se recuperando de um ligeiro incômodo intestinal. Parece que o rapaz esteve ontem no campo, coletando insetos raros, quando, então, reparou num estranho besouro sob a casca de uma árvore. Ao removê-la, descobriu que havia ali três besouros escondidos. Ficou tão excitado com a possibilidade de acrescentá-los à sua coleção que imediatamente colocou um em cada mão e o terceiro na boca! A criatividade pode ser totalmente absorvente. Charles, tomara que sare logo de sua dor de barriga.

A inteligência interpessoal envolve, ainda, compreender os outros: o que os motiva, o que estão sentindo, como tratá-los. Uma criança com esse dom pode exibir a capacidade surpreendente de simpatizar com outra que caiu e se machucou ou não passou num exame. Na idade adulta, é o cerne do talento em áreas como vendas, política, terapia ou ensino.

Esse tipo de dom criativo pode provocar amplos movimentos sociais. Gandhi, o notável estadista indiano, desenvolveu uma estratégia de resistência passiva e não-violenta que expulsou os britânicos da Índia. Semelhante dom também foi a força e a inspiração de heróis como Martin Luther King e os estudantes chineses da Praça da Paz Celestial.

Inteligência Intrapessoal

PELA INTELIGÊNCIA *INTRA*PESSOAL, conhecemo-nos a nós mesmos. Quem a possui em alto grau sabe de suas forças e fraquezas, desejos e medos, e pode adaptar sua maneira de agir com base nesse conhecimento.

A inteligência intrapessoal se revela no senso firme de preferências, na autodisciplina e na capacidade de perseverar, apesar das frustrações. Até as crianças pequenas mostram certo grau de autoconhecimento.

Ao contrário das outras formas de inteligência, o autoconhecimento tende a aprofundar-se com a idade. Encorajar crianças a serem introspectivas (manter um diário, conhecer pessoas contemplativas ou "sábias") é uma forma de estimular a inteligência intrapessoal.

Um dos grandes gênios nessa área foi Sigmund Freud. Durante décadas ele se psicanalisou, atentando, em especial, para o significado de seus sonhos. Graças a uma combinação das livres associações de pacientes com suas auto-análises, Freud conseguiu chegar a algumas verdades sobre a vida interior das pessoas em geral, como a importância do relacionamento das crianças com os pais nas relações posteriores. Desenvolvendo a psicanálise, Freud elaborou um método para ajudar as pessoas a desenvolverem um senso intrapessoal mais sólido, um caminho que leva a um autoconhecimento mais aprofundado.

"Essa inteligência é muitas vezes invisível", diz Gardner. "Consiste em nos conhecermos cada vez melhor e em utilizar produtivamente esse conhecimento. Há pessoas de QI elevado que 'só dão com a cabeça na parede' e não chegam a lugar nenhum com seus talentos, pois de fato não sabem, entre os talentos que possuem, quais os que poderiam conduzi-las ao êxito nem que tendências devam cultivar."

Escolas Alegres Que Funcionam

CRIATIVIDADE — ESTILO ITALIANO

REGGIO EMILIA é uma localidade do norte da Itália, não distante de Milão. Nos últimos quarenta anos, algumas das mais inovadoras experiências na educação pré-escolar têm sido feitas num "jardim-de-infância" freqüentado por crianças de 2 a 6 anos. A escola recorre ao método de Montessori, bem como aos estudos de Piaget sobre as etapas de desenvolvimento infantil. Mas faz uma mistura toda própria, enfatizando, preferencialmente, a espontaneidade individual e o trabalho de equipe.

Ali, as crianças dispõem de inúmeros recursos: passam muito tempo fora, visitando lugares — desde fazendas a antigas praças —, e, na própria escola, contam com uma grande variedade de materiais. O corpo docente conhece os tipos de problemas e desafios a apresentar às diferentes idades, a fim de mobilizar a atenção e a energia das crianças, envolvendo-as em projetos significativos. Esses projetos — pintura, escultura ou experiências científicas — mostram às crianças que, se trabalharem em alguma coisa diariamente, conseguirão aperfeiçoar-se, obtendo resultados que irão deixá-las orgulhosas e que as outras pessoas apreciarão. A abordagem de Reggio Emilia mescla a natural curiosidade das crianças com a satisfação social do esforço coletivo.

Uma das características da escola é o pleno envolvimento dos pais. Com efeito, ela foi criada após a Segunda Guerra Mundial por um grupo de pais que se associaram para adquirir um antigo cinema. Quando, finalmente, a prefeitura se ofereceu para financiar o programa, eles insistiram para que esse espírito de envolvimento não se perdesse. Um pai lembra: "Considerávamos a participação da família um direito, um dever para com a escola". Até hoje os pais se orgulham do fato de aquela ser *sua* escola, não uma escola da prefeitura ou do governo.

Segundo uma das mães, "Queríamos um novo tipo de escola, uma nova imagem do que uma criança é e pode vir a ser. Os moradores desta cidade acham que o que se faz pelos filhos é uma espécie de investimento para o futuro".

Como muitas outras escolas cooperativas, a de Reggio Emilia envolve os pais no maior número possível de suas atividades. "Acredito que não devemos delegar a educação de nossos filhos à escola", afirma Tiziana Filippini, mãe e planejadora da escola. "É o que me agrada aqui. Desde o primeiro dia que trouxe minha filha, Eliza, fui convidada a participar, a envolver-me de todas as maneiras."

Os professores, na opinião de Tiziana, "começam a atrair os pais mesmo antes de os alunos chegarem, em setembro. Eles nos procuram e perguntam a respeito de nosso filho ou filha. Convidam-nos à escola para preparar surpresas — brinquedos, bolos, presentinhos — que serão feitas aos alunos nos primeiros dias".

Pais de todas as classes se reúnem regularmente para conversar sobre o desenvolvimento dos filhos, inteirar-se dos problemas, propor novas idéias. "É bom para os pais envolverem-se mais na educação dos filhos", acredita Tiziana.

"Niente Senza Gioia"

"Nada Sem Alegria" é um dos lemas da escola. Todos os esforços são envidados para tornar o estabelecimento agradável às crianças, desde o primeiro dia de aula.

"Penso que as crianças esperam que os adultos tenham a capacidade de proporcionar alegria", diz Loris Malaguzzi, diretora pedagógica do distrito de Reggio Emilia. "É o que exigem de todos e de tudo. Sem irradiar e receber alegria, o adulto não criará uma atmosfera em que a criança possa inventar e criar."

Malaguzzi compara o apoio ao processo criativo com o cultivo de cogumelos. "Há muitas espécies de cogumelos: uns bonitos, mas não comestíveis, outros feios, mas deliciosos; há até os que são ambas as coisas ou nenhuma. Para cultivar excelentes cogumelos, o melhor que podemos fazer é fertilizar a terra ao máximo possível. Se tiverem de crescer, crescerão."

É exatamente assim, diz ela, que acontece às crianças em Reggio Emilia: têm toda oportunidade de fazer brotar sua criatividade.

"A criatividade é como uma fantasia em contínuo movimento. Nunca sabemos quando a criança irá agarrá-la", explica Malaguzzi. "O que pretendemos fazer é acompanhá-la, tão longe quanto possível, no reino do espírito

Niente senza gioia: mobilização de energia e atenção.

criativo. Nada mais nos é possível. No fim do caminho, está a criatividade. Não sabemos se a criança desejará percorrer o trajeto até o final, mas o importante é que não lhe mostramos apenas a estrada, mas também lhe entregamos as ferramentas: pensamentos, palavras, relacionamentos, solidariedade, amor. Isso alimenta a esperança de alcançar um momento de alegria."

Uma das maneiras pelas quais as crianças são escoltadas rumo à esfera da criatividade, em Reggio Emilia, é a atenção aos primeiros indícios de curiosidade. Tiziana esclarece que, em vez de simplesmente impor uma "atividade criativa" às crianças, a escola consulta, antes, suas necessidades ou desejos.

Campos de Papoulas e Murais

Em Reggio Emilia, o currículo não é elaborado com base em temas, mas em projetos que envolvam trabalho coletivo. As crianças se absorvem numa atividade, quer seja a contemplação de um leão de pedra numa praça ou um passeio por um campo de papoulas, para mais tarde recriar artisticamente a riqueza sensorial desse campo.

Na primavera, as colinas em volta de Reggio Emilia cobrem-se de tapetes verdes e vermelhos de papoulas, luminoso prenúncio do verão que se aproxima. Um dia, uma criança leva para a escola um grande ramalhete de maravilhosas papoulas rubras, o que desperta o entusiasmo dos colegas. De onde vieram essas papoulas? Como crescem? A fim de responder a essas perguntas, organiza-se uma excursão aos campos floridos para o dia seguinte.

Uma vez ali, as crianças correm livremente. Colhem flores, enfeitam com elas os cabelos, vagueiam pelo campo, escondem-se por trás dos arbustos, examinam os insetos. Como disse um garotinho entusiasmado, "Isto é melhor que sorvete!"

De volta à escola, as papoulas tornam-se assunto para mais exploração. *Slides* tirados por um professor são projetados e as crianças dançam em meio às imagens brilhantes, banhando-se nas cores. Então um professor propõe que pintem um gigantesco mural coletivo inspirado na excursão ao campo de papoulas. O mural, observa Tiziana, "é uma espécie de quebra-cabeça de grandes proporções, em que cada aluno, conforme sua sensibilidade, contribui para um belo trabalho de equipe. Para tanto, o aluno utiliza seu próprio espírito, mas também absorve o que o grupo tem a oferecer-lhe, de sorte que sua idéia fica mais rica que antes".

Em Reggio Emilia, o trabalho de equipe é uma das principais lições. "Tentamos desenvolver a criatividade tanto no indivíduo quanto no grupo. Trabalhar em grupo ajuda a produzir algo mais, a pensar com maior amplitude, a evoluir. Assim, procuramos suscitar o espírito de colaboração", diz Tiziana. Na montagem do mural, segundo Malaguzzi, "o aluno começa a trabalhar sozinho, delineando a parte que lhe coube no afresco. Em seguida, todos se reúnem e discutem as idéias de cada um para decidir como harmonizá-las. Dessa forma aprendem que uma coisa feita por muitos pode realmente funcionar".

O processo de elaboração do mural importa tanto quanto os resultados finais. "Não são apenas as imagens produzidas pelas mãos e pela imaginação das crianças que contam, mas também o diálogo que se trava entre elas enquanto pintam. Eu diria que cada pincelada é fruto da individualidade da criança e, ao mesmo tempo, da concordância das idéias de todas", afirma Malaguzzi. E acrescenta: "Aplicar as cores, encontrar o equilíbrio perfeito numa sinfonia cromática significa, para a criança, transformar-se num instrumento da orquestra".

"Também nós, os pais", explica Tiziana, "nos esforçamos para que a criança não perca sua individualidade." Projetos como o mural de papoulas provam às crianças que elas podem ampliar seus esforços individuais. O resultado é uma obra de alcance e complexidade maiores do que qualquer uma delas obteria trabalhando sozinha — algo que a comunidade inteira valoriza de um modo especial.

Os projetos de Reggio Emilia envolvem todos os tipos de inteligência: espacial, cinestética, musical, etc. A maioria das escolas insiste em apenas dois tipos de inteligência: lingüística e lógico-matemática. "Essas disciplinas são colocadas no ápice da pirâmide", diz Gardner. "Se for bom em linguagem e lógica, o aluno irá se sair bem no curso, supondo ser muito esperto e muito criativo. Enquanto estiver na escola, será uma profecia autocumprida, pois essas duas inteligências formam o critério para avaliar o bom aluno.

Seria ótimo se permanecesse na sala de aula a vida toda ou se fosse professor, como eu. Mas a maioria acaba saindo para o mundo. Descobrem, então, que muita coisa que era relevante na escola agora já não é: inúmeras coisas que as pessoas fazem na vida não exigem o binômio linguagem/lógica, e diversos modos de trabalho conjunto, como o trabalho criativo, não se baseiam particularmente na linguagem ou na lógica.

As escolas convencionais são ótimas para aprimorar certos tipos de habilidades e certos tipos de pessoas, especialmente professores. Mas são falhas quando pensamos na amplitude da inteligência humana."

Em suma, a exposição a um leque maior de habilidades do que o oferecido pela escola convencional não apenas estimula os talentos naturais das crianças como as prepara de um modo melhor e mais abrangente para a vida.

A Criatividade na Criança

MUITO ALÉM DO BOLETIM

Há uma excelente escola primária nas vizinhanças de Indianápolis, chamada Key School. Nela, a visão de criatividade de Howard Gardner é parte integral do currículo.

Diariamente a criança tem contato com materiais destinados a estimular a série inteira das habilidades humanas — em artes plásticas, música, computação, línguas, como o espanhol, matemática, esportes. Além disso, dá-se atenção à inteligência pessoal (conhecer-se a si mesmo e aos outros).

Como qualquer escola pública, a Key School está aberta a todas as crianças de Indianápolis, embora seja tão procurada que os alunos são escolhidos por sorteio. Quanto aos professores, a admissão depende de qualificações específicas. Além da experiência didática normal, eles são valorizados por sua capacidade em determinada área. Um professor, por exemplo, domina a linguagem dos surdos — o que é uma habilidade tanto da inteligência lingüística quanto da cinestética.

O objetivo da Key School é fazer com que as crianças descubram as áreas em que possuem curiosidade natural e talento, permitindo que as explorem. Gardner explica: "A filosofia da escola não é determinar em que uma criança é boa e insistir para que ela se concentre apenas nisso. Pelo fato de os alunos ficarem expostos a tudo, todos os dias, têm inúmeras oportunidades de mudar de idéia e tomar novos rumos. Penso que isso reduz a eventualidade de a criança chegar a esta triste conclusão: não presto para nada.

Enquanto exigirmos apenas um desempenho escolar limitado — preencher lacunas de texto ou assinalar a alternativa correta num teste de múltipla escolha —, uma impressionante quantidade de alunos concluirá que não está à altura das exigências.

Entretanto, se dermos às crianças a oportunidade de usarem o corpo, a imaginação e os sentidos, mais a de trabalharem com os colegas, quase todas descobrirão que servem para alguma coisa. Mesmo aquela que não se destaca em nenhuma atividade tem potencialidades. Em vez de passar a ela a mensagem convencional: 'Você é burro', o certo é dizer-lhe: 'Você é muito bom nessas coisas; vamos pôr mais energia e esforço em sua execução'".

A fim de capacitar a criança a empenhar-se em atividades que acarretam o senso de realização e dão prazer, a Key School criou uma área de lazer relativamente não-estruturada conhecida como o "Centro de Fluxo". Esse Centro baseia-se nas idéias do professor Mihalyi Csikszentmihalyi, da Universidade de Chicago (ver página 40). No estado de fluxo, a criança (ou o adulto) acha-se tão profunda e agradavelmente envolvida numa atividade que nada mais parece importar-lhe. A separação entre agente e ato desaparece. Instaura-se um clima de completa absorção, em que toda autoconsciência se esvai.

Três dias por semana, os alunos da Key School visitam a sala de fluxo para brincar com uma variedade de jogos, quebra-cabeças e objetos. O que cada criança faz ali é por sua própria conta, e não porque recebeu uma incumbência. Não há notas "boas" ou "más". O professor registra o grau de envolvimento do aluno na tarefa, que é, na verdade, o registro de sua motivação intrínseca, uma indicação daquilo que ele realmente aprecia e poderá cultivar mais tarde na vida.

A cada nove semanas, mudam-se os temas, como Estruturas, Conexões, ou tópicos mais específicos, como Renascimento na Itália do século XVI e "Renascimento Agora" em Indianápolis. O aluno, então, elabora um projeto relacionado ao tema. Os projetos não recebem notas. Ao contrário, cada aluno apresenta-o a seus colegas, explica-o, responde a perguntas. O processo todo é gravado em videoteipe, de modo que o aluno da Key School acaba montando um arquivo de sua evolução e desenvolvimento ao longo dos anos.

Tanto a escola de Reggio Emilia quanto a Key School insistem na colaboração e no trabalho em equipe. A lição que se tira disso é que o todo é maior que a soma das partes. Trabalhando juntas, as crianças percebem que superam suas próprias deficiências e ajudam os colegas.

Grupos

NA KEY SCHOOL, a criança, diariamente, pode escolher atividades relativas às sete inteligências. Isso lhe permite explorar áreas de interesse pouco desenvolvidas e trabalhar mais aprofundadamente aquelas em que se destaca.

Formam-se grupos de interesses. Há, assim, grupos de jardinagem, arquitetura, dança, etc. Num ano houve mesmo um grupo dedicado a ganhar dinheiro. A criança escolhe o grupo de que deseja participar e, a fim de explorar o tópico, reúne-se diariamente com colegas de diferentes idades e um adulto. O grupo se torna, pois, uma espécie de oficina de aprendizado.

Todos os grupos apelam para diversos tipos de inteligência, uma vez que na vida poucas atividades exigem apenas um tipo. Por exemplo, o grupo teatral de dança folclórica recorre, principalmente, à habilidade cinestética, mas também explora as inteligências lingüística e espacial. No grupo de canto e mímica, as crianças aprendem a utilizar a linguagem dos gestos juntamente com as palavras das canções que interpretam — experiência que requer habilidades musicais, lingüísticas, cinestéticas e interpessoais.

A Criatividade na Criança

A COLABORAÇÃO É UM ESPORTE COLETIVO

O "Hall da Fama" do basquetebol está situado em Springfield, Massachusetts, cidade onde James A. Naismith inventou o jogo. O que poucos sabem, no entanto, é que embora ele levasse o crédito, a invenção desse típico esporte coletivo foi, ela própria, resultado de um esforço coletivo.

Na década de 1880, o Springfield College era um centro de educação física, o lugar aonde chegavam treinadores das A. C. Ms. de todo o país para aperfeiçoar sua técnica. No outono, o esporte preferido era o futebol americano. Mas, quando chegava o inverno, os jogos tinham de ser em recintos fechados, onde a única atividade da época era a ginástica calistênica. Uma chatice, resmungavam os estudantes.

Naismith procurou o diretor e solicitou que a ginástica calistênica fosse interrompida por duas semanas, até que formulasse um novo esporte de salão para o inverno. Ele e seus alunos iniciaram, então, um intenso período de experiências, atuando eles próprios como cobaias. O futebol americano de salão, logo descobriram, era violento demais. O mesmo se podia dizer do futebol e do hóquei canadense, também esportes populares na época. Eles queriam um jogo que minimizasse a violência — daí as regras que proíbem o contato físico, exigem que só se use as mãos e não se corra segurando a bola. Além disso, nada de tacos ou bastões, o que criaria problemas num ginásio fechado. Os jogadores teriam de passar constantemente a bola.

Assim, dia após dia, Naismith e seus alunos foram aperfeiçoando o jogo pelo método das tentativas.

No final de duas semanas, quando pela primeira vez se jogou uma partida com todas as regras, só houve um problema: sempre que se marcava um tento, o jogo ficava paralisado até que alguém subisse uma escada para tirar a bola da cesta, amarrada na tribuna do ginásio. Mas nada de sério: o escore foi de apenas I X O.

Proporcionando às crianças tarefas que elas naturalmente apreciam, a Key School prepara o terreno para o que Howard Gardner chama de "experiências de cristalização": contato com uma pessoa, uma idéia ou uma atividade que lhes prenda completamente a atenção e a imaginação. Dessas experiências pode surgir a profissão de uma vida.

O esforço contínuo para estimular a fantasia e o interesse da criança está no centro da filosofia pedagógica da Key School. "O que tentamos acionar aqui", diz a diretora, Patricia Bolanos, "é o máximo possível de experiências de fluxo para os alunos. Uma vez que, a partir daí, brota o desejo de aprender e fazer mais, eles se interessam por novos desafios. Se a criança permanecer sempre no mesmo nível de desenvolvimento, ela logo se aborrecerá, não importa o que faça. E aqui não queremos que ninguém se aborreça, nem há lugar para isso. Logo que o aluno domina uma área, pode partir para outro desafio. Isso não precisa limitar-se à escola, pode tornar-se um estilo de vida."

Por essa razão, os professores da Key School estão sempre atentos ao interesse dos alunos por determinadas atividades. Na verdade, o grau de motivação é tão importante que integra a ficha escolar de cada um.

"Muitas escolas procuram recompensar o aluno por cumprirem as tarefas recebidas", diz Bolanos. "Nós abolimos isso completamente: em vez de coagir o aluno a fazer alguma coisa, permitimos que ele se envolva na atividade que lhe agradar."

Museus da Criança

OMPLETAMENTE ABSORTA, a garotinha puxa o "rabo do capeta" – a comprida alavanca que opera uma impressora do século XVI. Puxa-a repetidas vezes, cada vez com mais força e autoridade. Envolvido num poncho, um menino de subúrbio saboreia pela primeira vez um refresco de chocolate mexicano. Um bode aceita as medrosas carícias de um rapazinho tímido. Não longe dali, outra criança examina o tambor giratório de um zootropo. O cenário é o Capital Children's Museum, em Washington, D. C. Os museus da criança são relativamente recentes. Nos anos 1970 só havia alguns deles, mas, na última década, trezentos já se espalhavam somente pelos Estados Unidos. Define-se um museu da criança não apenas por seu público-alvo, mas também pela engenhosa combinação de entretenimento e educação. É um ambiente acolhedor para a criança, povoado de máquinas e exposições que poucas escolas podem oferecer.

Esses museus funcionam como um antídoto para as tremendas forças que oprimem as crianças. No caso das de classe média, há a corrida frenética de sala em sala, as atividades extracurriculares e as tarefas de casa, que reproduzem as pressões de tempo dos adultos. Para as crianças de subúrbio há a atmosfera de pobreza, violência e medo. Acrescente-se a isso o fato de as crianças passarem cada vez mais tempo diante do televisor e conhecerem cada vez menos pessoas, ignorando, assim, como o mundo realmente é. "Em nossos dias, até os brinquedos brincam sozinhos: a criança não precisa fazer nada com eles", diz Ann Lewin, diretora do Capital Children's Museum. "Ora, a primeira exigência da criatividade é enriquecer a criança de experiências."

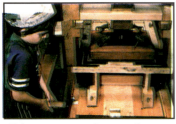

Criança operando uma impressora no Capital Children's Museum.

"É quase como se tivéssemos de reinventar a infância", prossegue ela. "A sociedade está fora de sincronia com aquilo de que a criança precisa para crescer de modo saudável. Precisamos descobrir novos métodos que facilitem seu pleno desenvolvimento, façam florescer a criatividade e permitam que a infância volte a ser infância."

DE ONDE VEM O LEITE? DA EMBALAGEM, É CLARO

Graças principalmente à televisão, hoje as crianças têm mais informação sobre mais coisas e lugares — mas menos experiência concreta. Na verdade, conhecem mais e compreendem menos. O contato direto que, no passado, a criança tinha com a agricultura e os ofícios ensinava-lhe que a vida é um processo de fazer, um processo com começo, meio e fim. Em virtude de sua rápida sucessão de imagens e de sua condensação do tempo, a televisão destrói esse senso de processo e dá a ilusão de que as coisas apenas "acontecem".

Raramente a criança tem a oportunidade de descobrir de onde vêm as coisas que utiliza, e muito menos como são feitas. "O refrigerante vem em latas; a comida, em pacotes que se levam ao microondas", diz Lewin. "A criança não tem como avaliar o tempo e o trabalho gastos nas lavouras e na criação das vacas que dão o leite que ela bebe."

"Visitam nossos museus crianças que nunca se aproximaram de um animal comum de fazenda nem têm idéia de como se fazem as coisas", relata Lewin. O trabalho das pessoas, que sempre fez parte da experiência corriqueira das crianças, sumiu de vista em poucas gerações. Fábricas e fazendas estão desaparecendo. O que antes era lugar-comum, agora é raridade: as comunidades costumavam ter no local padarias, alfaiates e oficinas de reparos para tudo, de móveis a bonecas.

Uma das maneiras pelas quais o Capital Children's Museum mostra o processo é por intermédio de uma fábrica de confecções em miniatura. As crianças podem observar as bobinas de tecido que chegam, o desenho dos padrões, a sala de corte e a sala de costura. Em seguida, as roupas são dependuradas, embaladas e levadas para a outra extremidade da fábrica. A exposição acompanha todos os misteriosos passos que são dados antes de a roupa aparecer numa vitrine de loja — o único lugar em que a maioria das crianças costuma vê-la.

LINGUAGEM E ESPAÇO

Uma das alas do Capital Children's Museum é dedicada à recriação de aspectos da vida mexicana — de uma cozinha oaxacana a um poço de aldeia. Cômodos e edifícios de vários andares são ligados por um

A Criatividade na Criança

labirinto de rampas, escadas, balcões e portas. Mas não existe um roteiro oficial para acompanhar essa complicada exposição: a própria criança tem de descobri-lo. "Este espaço convoca a inteligência espacial", explica Lewin. "A inteligência espacial foi praticamente banida da educação formal. No jardim-de-infância, damos às crianças blocos e areia para construírem. Depois, pelos próximos 12 anos de escola, retiramos essas coisas e esperamos que elas se tornem arquitetos e engenheiros."

O domínio, por parte da criança, das palavras, desenhos e gestos utilizados na expressão de idéias é fundamental para a criatividade. No museu, as crianças podem percorrer uma seqüência de ambientes, cada qual representando uma etapa da evolução da comunicação humana — da arte rupestre à animação em vídeo. A exposição conta a história do progresso tecnológico até a mídia eletrônica de hoje de um modo que permite à criança compreender, passo a passo, a natureza da comunicação.

A criança penetra nas sombras da reprodução de uma caverna da Era Glacial. Raios de luz, incidindo sobre as ásperas paredes, revelam brilhantes desenhos coloridos de animais, sugerindo que essas imagens pintadas com tamanha intensidade podem ter constituído importantes meios de comunicação no passado. A saída da caverna conduz a outra exposição: uma réplica de tipografia dos tempos de Gutenberg. Manuseando uma tosca impressora,

com tipos, tinta e pilhas de papel, a criança percorre as sucessivas etapas do processo de impressão. "Numa época em que somos manipulados pela mídia", diz Ann Lewin, "mesmo essa simples série de atos pode constituir uma experiência libertadora. Faz a criança pensar: eu posso fazer isso; eu mesma posso criar uma mensagem."

Uma das experiências mais absorventes ocorre no laboratório de animação em vídeo do museu, decorado com desenhos originais de Chuck Jones. "Animar significa 'dar vida'", esclarece Jones. Utilizando uma câmera e um videoteipe, a criança pode dar vida a seus desenhos em poucos minutos. E, além da satisfação de descobrir o segredo das leis do movimento, ela começa a apreender o significado e a importância do "processo" (Depois de gastar meia hora para produzir alguns movimentos em seu desenho animado sobre uma corrida de bicicletas, a garotinha vira-se para um amigo e exclama: "Puxa, imagine quanto tempo leva para fazer algo como *Cinderela*!"). Um dos objetivos de Ann Lewin é despertar nas crianças o senso de que a vida é processo. "A paciência e a capacidade de percorrer uma longa série de etapas — de conceber as coisas — constitui o fundamento para a futura vida criativa da criança", sustenta Lewin.

O trabalho criativo na vida adulta muitas vezes exige que solucionemos problemas como membros de uma equipe. Os desafios puramente intelectuais de encontrar soluções mesclam-se cada vez mais às demandas emocionais de colaboração e concorrência.

Odisséia da Mente

AM MICKLUS ama o Fazio's Building Supply, um armazém aparentemente sem fim de Nova Jersey. No Fazio's, pode-se encontrar praticamente tudo. "Devíamos colocar uma tabuleta com os dizeres: 'Se não tivermos o artigo que procura, é porque você não precisa dele'", afirma Micklus, enquanto caminha pelos corredores. Micklus tem uma missão: anda à procura de combinações bizarras de coisas para estimular os jovens.

A busca de Sam por objetos exóticos faz parte da Odisséia da Mente, um programa cuja finalidade é incentivar a solução criativa de problemas. Um dos fundadores da Odisséia, Micklus apresenta desafios intrigantes aos estudantes que trabalham em equipe numa competição internacional. Trata-se de uma competição de criatividade e os projetos são avaliados mais por sua engenhosidade que por sua elegância. Não existem respostas certas, apenas respostas criativas. É uma espécie de olimpíada juvenil em que se disputam inovações. Em 1990, participaram mais de 1 milhão de estudantes do mundo todo.

"Não há guia nem receita pronta para resolver os problemas apresentados pela Odisséia da Mente. Cada um tem seu próprio método de solucioná-los", diz Micklus.

"Em minha opinião, as crianças de roça são ótimas na solução de problemas. Estão acostumadas a observar os pais improvisando quando algo dá errado. Se um boi de um tonelada teima em não entrar no caminhão, que fazem eles? Não vão chamar um especialista em movimentação de bois: procuram um jeito de resolver o problema eles mesmos."

Trabalhar em equipe é essencial para o desafio da Odisséia. "No mundo de hoje, pouca gente faz sozinha coisas criativas", comenta Micklus. "Quase tudo de que precisamos é esforço coletivo. Os estudantes têm de atuar juntos, depender uns dos outros, negociar. Essa é uma tremenda habilidade para a vida inteira." Os grupos que se saem melhor, segundo Micklus, são aqueles que mais discutem e engendram dezenas de soluções criativas, antes de optar por uma delas.

ALÉM DO CERTO E DO ERRADO

ACREDITO FIRMEMENTE que a criatividade pode ser ensinada", declara Micklus. "O pensamento criativo é uma habilidade sujeita, como qualquer outra, ao aperfeiçoamento." Ele acrescenta, todavia, que uma das maneiras de sufocar a criatividade é fazer perguntas do tipo certo/errado e punir o aluno que der respostas equivocadas. O antídoto da Odisséia: questões abertas, somente limitadas pela imaginação.

"Se apresentarmos aos jovens perguntas e problemas com soluções em aberto, damos um passo à frente", garante Micklus. "Em vez de dizer-lhes: 'É assim que se faz', tomamos o rumo contrário: 'Aqui está o problema, agora é com você'. Se alguém nos faz uma pergunta, respondemos com outra."

Um ano, por exemplo, os alunos foram instados a criar uma espécie de ser robótico, um personagem cuja face pudesse revelar emoções. A idéia, além disso, era fazer esse personagem rir e chorar, como parte de uma comédia original.

Outro desafio foi desenhar, construir e movimentar um veículo propelido a remo, utilizá-lo numa corrida, e encontrar um meio de representar visualmente e por dramatização três países que ele houvesse visitado.

Um problema clássico da Odisséia é reunir um grupo encarregado de montar uma estrutura com peças de balsa que os próprios alunos fabricaram. A estrutura deve ser equilibrada e suportar o máximo de peso possível. O grupo tem 15 minutos para montar as peças pré-fabricadas.

Uma das idéias principais é levar os jovens a "quebrar as regras", utilizando um objeto comum de uma maneira incomum. Eis, por exemplo, o que Micklus diz de um macaco hidráulico: "Levei anos imaginando como usá-lo num desafio. Ora, quando o pistão se projeta, tem-se uma enorme quantidade de força. Assim, desafiamos os estudantes a construir um veículo acionado pelo pistão do macaco hidráulico".

Problemas como esse exigem inventividade e raciocínio. Aqui está um jeito de utilizar o macaco para acionar um veículo: imagine uma haste comprida sobre um ponto de apoio, como uma gangorra. Se o macaco for posicionado sob a haste, perto de uma das extremidades pousada no chão, quando o pistão se projetar essa extremidade se erguerá. Pela força do pistão, ela poderá puxar uma corda que, por sua vez, movimentará um eixo...

Mas você já deve ter pensado nisso.

A Criatividade na Criança

NOTÍCIAS DO PASSADO CRIATIVO

Chester Greenwood, de 13 anos, vai aquecer um pouco mais a vida de vocês.

Como muitos de nós, americanos do século XIX, Chester gosta de patinar no lago gelado com seus amigos, mas o frio nas orelhas deixa-o doente. Ao contrário de outras pessoas, Chester pretende fazer algo a respeito. Com pedaços de arame, pano, chumaços e a ajuda da avó, Chester fabricou uma armação colocada por cima da cabeça. Quando, há pouco, apareceu no lago usando a invenção, os amigos riram de sua figura engraçada, chamando-o a todo instante de "orelhas de rato". Mas, quando ficou mais frio, pararam de zombar e tiveram de correr para dentro de casa, enquanto Chester continuou patinando.

Agora elas estão na moda. Como chamá-las? Pompons de orelha?

NADA MENOS QUE "GRANDE"

A NATUREZA COMPETITIVA do programa Odisséia acrescenta algo ao espírito criativo. A competição não atira as crianças umas contra as outras: ao contrário, leva-as a trabalhar lado a lado, mesclando ao ato criativo a busca da excelência.

Há lugar para a competição quando se chegou a dominar uma área, pois ela aumenta o desafio. Segundo Micklus, "Quando damos um projeto a um estudante, nossa tendência é dizer: 'Bem, isto é ótimo', mesmo que saibamos que não é nada bom. Entretanto, se eles estiverem competindo, dirão: 'Bem, se não é bom, vamos aperfeiçoá-lo. Vamos prestar atenção aos detalhes. Vamos fazer o melhor possível'". Essa busca da excelência é o ingrediente que a natureza competitiva da Odisséia acrescenta ao caldeirão criativo.

"Uma das maneiras de fomentar a criatividade é fazer com que as crianças, ao acordar de manhã, sintam-se excitadas pelo trabalho que as espera. Se não se contentarem com algo apenas bom, mas quiserem algo realmente grande, terão aprendido uma lição duradoura que as levará de fato a contribuir. Quando as pessoas dão um passo além e se esforçam 110%, temos a diferença entre uma boa sociedade e uma sociedade grande."

CAPÍTULO 3

A CRIATIVIDADE NO TRABALHO

"O mundo do fazer, levar, trazer, comprar e vender, a que você reserva a maior parte do dia, é regido por algumas leis, prejudicado por alguns defeitos (que talvez você ajude a sanar) e ameaçado por certos perigos que você pode ajudar a evitar."

H. G. Wells

O MUSICAL CLÁSSICO da Broadway, *Como vencer nos negócios sem fazer força*, satiriza a maneira tradicional de jogar o jogo dos negócios. Numa das canções, o eterno funcionário do setor de expedição explica ao ambicioso recém-chegado, J. Pierpont Finch, como subir no mundo empresarial.

O funcionário diz que, quando entrou na empresa, jovem e estouvado, ordenou a si mesmo: "Não tenha idéias". E não teve nenhuma ao longo dos anos, garante a Finch com orgulho. Agiu com cautela, "à moda da empresa". Qual o seu ponto de vista? Nenhum. O que a companhia pensa... ele também pensa. Fazendo o jogo da companhia, nosso funcionário admite, jamais chegará ao topo; mas, não assumindo riscos, tem certeza de lá ficar durante anos.

Vá com calma! — sábio conselho a um novo funcionário na versão cinematográfica de How to Succeed in Business Without Really Trying.

Como vencer ridiculariza o conformismo e o medo inato de inovação que reinavam no passado. Os tempos, porém, mudaram — ou não? Eis aqui as honestas observações de um executivo contemporâneo, com 21 anos de experiência como diretor de uma empresa multinacional:

> A empresa de hoje precisa mudar profundamente. Boa parte da energia de nossos empregados se perde na repressão, na escamoteação da verdade, na ocultação de problemas, na recusa a encarar a realidade. A sensação de estar acuado é exacerbada pela ameaça dos diretores: 'Se *você* não consegue, posso encontrar quem consiga'. Na maioria das empresas há pouca tolerância para com a insubordinação ou a crítica franca. As pessoas percebem as mentiras e os abusos, a ruína daqueles que insistem em ser ousados, iconoclastas, criativos. Nos corredores e salas, pressentem o medo e a

ausência de verdade. Manifestam a patologia da "idéia coletiva" nas reuniões em que o silêncio acolhe o convite do diretor para que se discutam problemas e se apresentem idéias divergentes. Hoje, nas companhias americanas, os funcionários vivem no terror de serem vistos como equivocados, sujeitos a erros, de serem rebaixados ou neutralizados. Os que cometem a temeridade de falar a verdade aos poderosos, em geral pagam por isso; e o resultado é a companhia ficar mergulhada no marasmo do convencionalismo.

São palavras fortes. No entanto, o mundo empresarial precisa cada vez mais de trabalhadores de mente independente, que queiram correr o risco de falar e se sintam livres para responder imaginativamente a uma mudança – que sejam, em suma, criativos. A criatividade exige que a cultura empresarial encoraje a expressão mais livre e segura daquilo que, às vezes, pode ser irritante ou inovador. Exige que as pessoas se organizem em equipes para colaborar.

A pergunta é: como uma companhia onde as pessoas têm medo de correr riscos e não confiam umas nas outras poderá transformar-se num lugar em que seja seguro propor novas idéias? Essa pergunta se torna tanto mais urgente quanto os locais de trabalho e a própria natureza do trabalho sofrerem notáveis mudanças. Para sobreviver, mais e mais empresas passaram a depender de sua capacidade de resposta imediata às demandas mutáveis do consumidor por produtos e serviços novos. Elas agora estão competindo num mercado global em que cada uma precisa inovar continuamente.

As companhias incapazes de responder com flexibilidade à mudança estão fatalmente destinadas ao fracasso. Mas há mais coisas em jogo. As economias de nações inteiras dependem das faculdades criativas emergentes de seus povos. Como nunca antes, a qualidade geral de vida de uma nação supõe a aplicação da inteligência, mesmo da sabedoria, à solução dos problemas encontrados.

Reforma do Ambiente de Trabalho

DA MÁQUINA AO ORGANISMO

A URGÊNCIA DA criatividade está modificando a organização dos ambientes de trabalho e as atividades das pessoas. Essas mudanças incidem sobre o uso e a interpretação da informação, que é a base das idéias. O futuro de uma empresa depende da eficiência com que ela adquire, interpreta e processa essa informação. Por exemplo, a incapacidade de Detroit, na década de 1970, de compreender adequadamente o desejo do motorista americano por um carro econômico e, em conseqüência, de atender a esse desejo, permitiu que os fabricantes japoneses abrissem enormes brechas no mercado automobilístico dos Estados Unidos.

Hoje, a disseminação da informática, inclusive computadores e bancos de dados, pelos ambientes de trabalho vem provocando uma mudança profunda no mundo dos negócios. Como observa Shoshona Zuboff, da Escola de Administração de Harvard, as companhias procuram utilizar essas tecnologias para coletar dados a respeito de suas próprias operações, num processo de contínuo aprendizado e auto-aperfeiçoamento. As novas correntes de informação *deveriam* permitir às companhias aperfeiçoar constantemente seus produtos e serviços, elevando a produção, a distribuição e a comercialização. Mas, ressalta Zuboff, "máquinas espertas exigem operadores espertos".

Novas e complexas tecnologias não bastam. Por si mesmas, são como um automóvel brilhantemente concebido, mas sem motorista ou destino. Todo processo de coletar e processar informação é elaborado, em última análise, por trabalhadores "espertos", no sentido mais amplo: aqueles que têm percepção rápida e desejam fazer perguntas argutas.

O modo como os trabalhadores interpretam a informação — como a entendem e como decidem o que significa — é tão importante quanto a própria informação. A interpretação, com efeito, é um ato criativo. Entretanto, o grau de criatividade sofre a influência dos sentimentos, inclusive os que se situam nos limites de nossa consciência. A confiança de podermos falar sem perigo, a certeza de que nos darão credibilidade, a fé em nossa intuição — tudo isso afeta a maneira com que respondemos à informação recebida. Temos apenas de recordar as inúmeras circunstâncias dolorosas, como o desastre da *Challenger*, em que executivos presumivelmente racionais simplesmente não quiseram ou não puderam agir, apesar das informações adequadas.

Uma vez que a criatividade se baseia nos fatos *e* valores da pessoa, no que é consciente e inconsciente, analítico e intuitivo, um ambiente de trabalho criativo exige o entusiasmo e a dedicação integrais da pessoa. Na Escola Superior de Administração da Universidade de Stanford, por exemplo, um dos cursos de criatividade tem por tema: *Quem sou eu? Qual é o meu trabalho?* O aluno é instado a refletir sobre seu verdadeiro potencial — aquilo que dá à vida significado, satisfação e senso firme de objetivo.

Muitos são os modos pelos quais o espírito criativo pode exprimir-se no ambiente de trabalho. A criação de novos produtos é o mais óbvio, mas há outros, como proporcionar melhores serviços aos consumidores, inovar as práticas de gerenciamento, aperfeiçoar os métodos de distribuição ou imaginar novas formas de financiar o negócio. Idéias criativas também podem ser utilizadas para fortalecer a organização em si fomentando, por exemplo, a iniciativa dos funcionários. Uma dessas inovações consiste em eliminar as classificações de cargos, restritivas e burocráticas, que colocam os trabalhadores em "caixas" e limitam seu desempenho. Outra idéia (empregada com sucesso por uma manufatura sueca, bem como por outras firmas no Brasil e nos Estados Unidos) é compartilhar todas as informações financeiras — como o fluxo semanal de caixa — com todos os empregados. Eliminar os tradicionais segredos de empresa possibilita aos funcionários compreenderem melhor a realidade geral do negócio e encoraja-os a gerarem idéias próprias para reduzir custos e aumentar lucros.

As mudanças que aprimoram o ambiente de trabalho resultam dos esforços combinados de diretores e empregados. Líderes empresariais inovadores podem criar uma atmosfera de estímulo para os funcionários; estes, ao mesmo tempo, devem solicitar tarefas ao alcance de suas habilidades específicas. Quando uns e outros adotam uma perspectiva criativa, uma mudança sutil, mas vigorosa, começa a ocorrer nos ambientes de trabalho. A recompensa vai para o *processo* de trabalho, e não apenas para o produto final. Valoriza-se a aptidão dos funcionários para aprenderem coisas novas, desenvolverem-se por conta própria, expressarem suas idéias. A organização é vista menos como uma bisonha máquina impessoal do que como um complexo organismo vivo, orientado por uma inteligência atuante que precisa ser continuamente alimentada.

O QUE PODEMOS FAZER

UMA VEZ QUE a solução criativa de problemas requer o envolvimento psicológico total da pessoa, o moderno ambiente de trabalho tem de passar por mudanças decisivas. Graças aos esforços de empresas pioneiras no mundo todo, está surgindo uma série de idéias-chaves que podem alterar a psicologia do ambiente de trabalho.

Além da Hierarquia

UMA DAS IDÉIAS é reduzir o impacto negativo da hierarquia, ou seja, "achatar" a pirâmide de organização. Os negócios se revelam mais produtivos quando os elementos da linha de frente — que estão em contato com os consumidores — assumem mais responsabilidades e têm mais acesso a um leque maior de informações, o que, além de sua intuição, facilita a tomada de decisões vitais no local. Uma das virtudes cardeais passa a ser, então, a confiança no que as pessoas são capazes de fazer e não a adoção cega do "estilo da empresa".

Um Paraíso Seguro Para as Idéias

ISSO SIGNIFICA a disposição de deixar que as idéias brotem livremente e ser receptivo a elas. Significa abolir o cinismo e os julgamentos apressados, de modo que os empregados se sintam dispostos a fazer sugestões iconoclastas e mesmo perguntas aparentemente "idiotas". Requer a valorização das abordagens não só intuitivas, mas também analíticas da solução de problemas, reconhecendo-se que as emoções e a subjetividade desempenham um papel crucial na geração de novas idéias. Isso exige uma atmosfera de respeito, um ambiente em que as pessoas possam em segurança compartilhar inspirações.

Mais Que Um Emprego

UMA TERCEIRA IDÉIA-CHAVE é ampliar o significado do trabalho. Dentro da companhia, o ambiente de trabalho pode tornar-se mais caseiro e humano, incorporando facilidades como uma creche. Pode transformar-se num recinto que estimule os sentidos, promova interação espontânea entre as pessoas de diferentes cargos e níveis e proporcione momentos de descanso ao longo do dia.

O Homem Que Odiava o Chefe Mas Amava o Emprego

Aqueles que trabalham em circunstâncias sombrias podem tirar inspiração desta fábula sobre o ambiente de trabalho moderno.

❶ *Era uma vez um homem que amava o emprego e os colegas. Vivia muito bem.*

❷ *Só havia uma coisa errada: seu chefe.*

❸ *O chefe, com efeito, tornava sua vida tão desgraçada que só lhe restava uma coisa a fazer: deixar o emprego.*

O Espírito Criativo

❹ **Procurou então um agente de empregos para encontrar nova colocação. Mas estava muito triste porque, na verdade, queria permanecer onde estava.**

❺ **No auge do desespero, porém, teve uma idéia criativa. Por que não pensara naquilo antes? Voltou ao agente de empregos e forneceu-lhe o nome e o currículo do chefe.**

❻ **O agente encontrou para seu chefe um emprego melhor, que o homem se apressou a agarrar.**

❼ **Nosso herói continuou onde estava e acabou promovido ao cargo do antigo chefe.**

A Criatividade no Trabalho

O significado do trabalho também pode mudar quando a companhia assume um papel mais amplo na comunidade. Ela faz com que o trabalho seja "mais que um emprego" se responde às necessidades sociais da comunidade e reconhece que não apenas cria riqueza, mas ainda influencia a qualidade de vida das pessoas. Como afirmou um executivo, "A companhia se torna antes um *movimento* que um negócio".

MULHERES E HOMENS PIONEIROS

ESSAS NÃO SÃO idéias que, apesar de atraentes, são impraticáveis: elas estão realmente funcionando. Neste capítulo, veremos como algumas companhias pioneiras — e os homens e mulheres que nelas trabalham — puseram tais princípios em ação. Entre esses lugares e pessoas, encontraremos:

• **Anita Roddik**, Empresária Britânica do Ano, fundadora e presidente da Body Shop International.

Empresa nada ortodoxa, desde o início, a Body Shop vende sua própria linha de cosméticos naturais. Seus produtos se baseiam nos itens tradicionais, muitos inspirados pelas culturas do Terceiro Mundo, sendo desenvolvidos sem testes com cobaias. As vitrines da Body Shop exibem, além disso, cartazes que promovem a consciência ecológica, e não imagens de modelos impecavelmente maquiados.

Quando começou, Roddick recorda, "Pouco sabíamos sobre a maneira como os negócios são normalmente conduzidos. Ignorávamos, por exemplo, que se pode tomar certas liberdades com a verdade. Assim, algumas companhias não colocam hena em seus 'xampus de hena', mas apenas um perfume que julgam ter o aroma da hena. Compramos, então, um xampu que continha hena verdadeira. Infelizmente, ela tem cheiro de estrume de cavalo. Nós, porém, achávamos que tínhamos de ser honestos e dissemos: 'Não se preocupe se lembra um pouco cocô de cavalo — é hena'".

Para o grosso da indústria de cosméticos, a abordagem da Body Shop parecia quase absurda, e pouquíssimas suas chances de sobrevivência. Hoje, a Body Shop tem mais de quinhentas filiais em aproximadamente quarenta países, com uma taxa anual de crescimento da ordem de 50%. Agora, as grandes empresas do ramo seguem os passos de Roddick, formulando suas próprias linhas de produtos naturais.

Na Body Shop, a criatividade surge da mudança constante. Diz Roddick: "A criatividade vem da quebra das regras, da confissão de que se está apaixonada por um anarquista". Como administradora, sua atitude é a de quem "está constantemente aberta a sugestões, sem apelar para a retórica de ouvir e depois não fazer nada".

Roddick acredita que "uma empresa pode ser gerenciada nos termos da moral: ganhar dinheiro, mas melhorar a espiritualidade do ambiente de trabalho. E trazer a espiritualidade para esse ambiente é como dizer: 'Por que a maneira de agir no trabalho tem de ser diferente da maneira de interagir com a família em casa?' Quando a ética maior é a *dedicação*, podemos estar certos de que a companhia está sendo dirigida segundo princípios femininos".

• **Yvon Chouinard** não tencionava fundar uma das mais inovadoras companhias de artigos esportivos do mundo. Não. Sua empresa, Patagonia, localizada no sul da Califórnia, cresceu por causa da paixão de Yvon pelo alpinismo e sua necessidade de um bom *piton*, o prego que os escaladores cravam nos paredões de rocha.

"Lá estava eu, interessado em escaladas, e não havia boas ferramentas disponíveis", lembra Chouinard. "Assim, quando tinha 18 anos, resolvi comprar uma pequena forja a carvão e uma bigorna, além de alguns martelos e tenazes, para fabricar meus próprios *pitons*. Tentei melhorar os únicos que podíamos adquirir na época, vindos da Europa. Eram feitos de aço frágil, e só se podia usá-los uma vez. Por isso, resolvi fabricá-los com aço mais resistente.

Fiz alguns para mim mesmo, depois para os amigos, e logo estava vendendo-os. Foi isso. Não inventamos esse equipamento de alpinismo, apenas o submetemos a uma série de inovações."

Na verdade, confessa Chouinard, o negócio veio até ele. "Cheguei a um ponto em que não podia mais fabricar um punhado de pregos por dia e chamar aquilo de negócio. Tinha de fabricá-los em quantidades cada vez maiores, e o resultado é que, hoje, há quinhentos funcionários trabalhando aqui." Em 1990, a Patagonia apresentava lucros de 120 milhões de dólares e uma taxa anual de crescimento de 30 por cento.

O preço desse sucesso, lamenta Chouinard, é que "Eu me tornei um manuseador de papéis. Mas, para refrescar a cabeça, de vez em quando me meto na oficina e trabalho. É disso que realmente gosto".

O modo casual como Chouinard entrou para os negócios está inteiramente de acordo com sua personalidade e reflete um estilo administrativo heterodoxo. "Sim, tornei-me um empresário quer o admita ou não. Mas decidi que, se tinha de fazer isso, iria fazê-lo à minha maneira: o que, para mim, quer dizer quebrar as regras", declara ele.

Uma das regras que Chouinard quebrou foi a de não competir palmo a palmo com outras empresas do ramo. "Tentamos fabricar produtos que não tenham concorrência", explica Chouinard. "Não quero fazer produtos iguais aos de outra companhia, por isso não preciso competir de frente em qualidade, preço, distribuição e propaganda, métodos normais de venda quando se tem um produto idêntico a outros.

Em vez de agir assim, aplico meu dinheiro e energia na manutenção de um bom departamento de pesquisa e desenvolvimento. Assim, oferecemos produtos únicos, sem similares. Fabricamos esses produtos o mais depressa que podemos e vendemos a maior quantidade possível, antes que os outros nos copiem. Quando isso acontece, colocamos o produto de lado e tomamos um rumo completamente diverso. Tentamos fazer coisas diferentes das ensinadas pelos manuais de negócios."

• Imagine uma empresa sem hierarquia, onde o poder se dissemina, ao invés de concentrar-se no topo da pirâmide. Ali não há segredos financeiros, e qualquer funcionário pode inteirar-se do fluxo de caixa semanal. Nela, todos dividem responsabilidades. O desenvolvimento pessoal e a iniciativa independente são encorajados, pois melhoram o todo. Utopia?

De modo algum. Essa empresa existe em Estocolmo, Suécia.

A **Skaltek** desenha, fabrica e vende máquinas pesadas usadas nas indústrias de fios e cabos. Os produtos da Skaltek, feitos sob encomenda, são vendidos no mundo inteiro, devendo-se o sucesso da companhia, em parte, ao modo inédito com que ela estimula a criatividade de seus empregados.

O fundador da Skaltek, Öystein Skalleberg, era um engenheiro que, durante anos, trabalhou em empresas tradicionais e não gostava da forma com que eram administradas. Não suportava a competição, o distanciamento artificial entre as pessoas, a desconfiança. Desagradavam-lhe os segredos empresariais e a sonegação de informações aos empregados. Não partilhava a mentalidade dos que defendem a todo custo seu lugar na hierarquia.

Por isso, Skalleberg deixou a companhia onde trabalhava com a intenção de fundar a *sua*. Na Skaltek, ninguém ostenta um título que lhe confira posição privilegiada: todos têm o mesmo título. Não existem organogramas detalhados, e os trabalhadores que constroem uma máquina podem ser os mesmos que a vendem ao consumidor. Desse modo, as informações sobre o uso das máquinas transformam-se em idéias destinadas a aperfeiçoá-las.

Ainda mais radical que isso, talvez, é feita semanalmente uma reunião de todos os funcionários em que se exibe um relatório completo do fluxo de caixa da semana anterior: vendas, despesas, tudo! Abertura total. E como ninguém ignora de onde o dinheiro vem e para onde vai, os salários são estabelecidos às claras, sujeitos à discussão do grupo.

• Há outras maneiras de alterar a psicologia do ambiente de trabalho, para que os funcionários se sintam confiantes a ponto de exprimir livremente suas idéias. Uma das abordagens mais inusitadas é exemplificada por um curso, que mistura aventura e aprendizado, oferecido aos funcionários da Midwest Energy Company, em Sioux City, Iowa. O programa, chamado "Brincar para Vencer", é conduzido pelo **Pecos River Learning Center** de Santa Fé, Novo México. Trata-se de um rito de passagem destinado a ensinar às pessoas — inclusive chefes — que é bom assumir riscos, mudar a rotina e até mostrar medo diante dos colegas. A idéia é que não há punição quando se dá um salto.

Durante o programa, os funcionários da Midwest Energy, que se conhecem principalmente por seus cargos e rotinas diárias, ficam mais próximos e, até mesmo, mais vulneráveis. Em certo sentido, é como se se encontrassem pela primeira vez, em virtude dos desafios físicos e emocionais que vão enfrentar juntos. A Corporate Tower, por exemplo, apresenta um paredão vertical de 15 metros de altura, cravejado de pinos. Os funcionários são atados uns aos outros com cordas para se ajudarem mutuamente na escalada.

Acontecimentos desses são uma oportunidade para o desenvolvimento pessoal e o esforço coletivo. Quando os funcionários encaram esses desafios — e alguns os acham assustadores —, o apoio dos colegas lhes dá coragem para prosseguir. Quando um diretor se dispõe a deslizar de uma plataforma estonteantemente alta, está dando, literal e metaforicamente, o primeiro passo.

O executivo-chefe do Pecos River Learning Center, Larry Wilson, sublinha: "Muitas pessoas encontram na vida situações em que não desejam dar o primeiro passo. Mas se desejam dar esse passo, tudo o mais se segue naturalmente".

A idéia básica é que o empregado, quando lhe é confiada uma responsabilidade, começa a desenvolver uma consciência moral a respeito de seu trabalho. Esse senso de responsabilidade é fortalecido pelo fato de muitos dos desenhistas e construtores, na Skaltek, acompanharem a entrega das máquinas para ensinar aos consumidores como operá-las. Como resultado, os trabalhadores da Skaltek criam vínculos pessoais com a clientela.

Se as pessoas se responsabilizam pelo modo como trabalham, são livres, então, para encontrar respostas engenhosas aos problemas com que se defrontam. Na Patagonia, diz Yvon Chouinard, "A função da gerência é estimular mudanças, atirar a luva e declarar: 'Este é o padrão que vamos estabelecer'".

Na Patagonia, por exemplo, decidiu-se abolir as máquinas usadas na indústria de confecções para pregar botões. Motivo? Eles se soltavam com facilidade. Estabeleceu-se, então, um padrão: os botões da Patagonia não se soltariam jamais, acontecesse o que acontecesse.

"Apenas atiramos a luva e fizemos o desafio", conta Chouinard. "Imediatamente todos se puseram a imaginar um modo de resolver o problema. Isso força as pessoas a se adaptarem e a serem mais engenhosas. E gera um produto excelente."

PARTICIPAÇÃO NOS RESULTADOS

QUANDO SARAH NOLAN foi nomeada presidente da Amex Life Assurance, herdou uma companhia que respondia mal às necessidades dos consumidores. Imperava uma rígida hierarquia, quase sem comunicação entre os funcionários de cargos diferentes, e até entre os níveis da própria hierarquia.

Ao chegar de Nova York à sede da empresa, em San Rafael, Califórnia, os executivos disseram-lhe que ali os problemas eram insolúveis – como em toda indústria de seguros. Nolan, porém, solicitou a cinco diretores de diferentes setores que montassem um escritório numa área desocupada do estacionamento, longe do edifício principal. Ante um escritório vazio e à tarefa de operar mudanças radicais, atribuída pela presidente, eles começaram a reinventar uma das divisões da organização.

Como disse um dos cinco diretores, o de atendimento, "Sob as antigas condições administrativas, eu estava totalmente isolado. Dispunha de uma sala ampla e as pessoas só me viam com hora marcada". Essas ineficiências da hierarquia foram eliminadas numa série de mudanças drásticas:

- Os diretores planejaram um escritório aberto, sem paredes, diferente dos espaços rigidamente divididos que são tão comuns na indústria de seguros.

- Os níveis de hierarquia foram reduzidos de dez para três.
- Com um computador em cada mesa, todos podiam acessar e utilizar informações necessárias, inclusive as outrora reservadas à diretoria.
- Idéias inovadoras passaram a ser bem-vindas.
- Apagaram-se as rígidas distinções de cargo e implantou-se um ambiente em que as pessoas assumiam maiores responsabilidades: todos estavam preparados para todas as tarefas.

Resultado: a companhia conseguiu responder muito melhor que antes às demandas do mercado. O tempo gasto em analisar as prospostas e resolver os problemas do consumidor diminuiu vertiginosamente. Os lucros da divisão aumentaram 700%. "É assombroso", declara Nolan, "até onde as pessoas podem chegar quando participam dos resultados."

Uma das maneiras de fazer com que as pessoas "participem dos resultados" de seu trabalho é permitir que conheçam a verdadeira situação financeira da companhia. Na Skaltek, por exemplo, não existem segredos nessa área. Deixar que as pessoas saibam de tudo leva-as a envolver-se em tudo. E Skalleberg vê nisso um grande benefício: "Se você realmente desejar obter cooperação e trabalho de equipe, deverá envolver os funcionários não apenas em parte do negócio, mas no negócio inteiro".

Um dos modos de fazer isso "na Skaltek" é a reunião das manhãs de segunda-feira, chamada "Informação de Fluxo de Caixa". Ali, todos ficam sabendo do movimento financeiro da semana, quantos pedidos chegaram e os detalhes em geral reservados a uns poucos privilegiados dos altos escalões da administração.

"Movimentamos cerca de 100 milhões de coroas suecas a cada semana, com lucro líquido de 25 milhões. E isso nunca foi segredo", afirma Skalleberg. "Todos aqui o sabem. Em outras empresas, diz-se que se dermos às pessoas esse tipo de informação, elas correrão a pedir aumento de salário — o que absolutamente não é verdade. Os funcionários têm orgulho de nosso bom desempenho. E, após alguns meses, percebem que os 25 milhões da semana caem para 12 e, em seguida, para 10. Começam, então, a compreender como são realmente os negócios."

Ausência de Julgamento

O MAIOR **obstáculo que enfrentamos para viver uma vida criativa** é a voz da censura e da crítica que ecoa dentro de todos nós: a voz do julgamento ou, abreviadamente, VDJ. E a melhor maneira de enfrentá-la é reconhecer que ela existe! Procure lembrar-se de uma ocasião em que teve uma idéia, mas sentiu-se hesitante ou receoso de comunicá-la ou pô-la em ação. Talvez, logo depois, alguém fizesse aquilo que você pensou, deixando-o aborrecido por não haver tomado a dianteira. A VDJ é a parte de nós que tanto nos deixa temerosos de agir quanto desapontados por não ter agido.

A VDJ assume diversas formas. A voz interior quase sempre é a mais intimidadora — mas há também o julgamento dos outros, inclusive os julgamentos culturais, como as regras de etiqueta, que desabonam o comportamento social "não-convencional". Depois que nos apanha, a VDJ pode arrastar-nos para um lamaçal de negatividade, como nas seguintes situações absurdas. A VDJ o inibe na execução de alguma coisa. Em seguida, torna-o deprimido por sua fraqueza de vontade. Depois, condena-o severamente por ficar deprimido (isso não faz parte de sua auto-imagem). Por fim, chega um amigo e recrimina-o ao mesmo tempo por não ter

A Criatividade no Trabalho

levado adiante sua idéia e por cair na depressão.

Na maior parte das pessoas, o espírito criativo e a VDJ travam continuamente uma renhida batalha. Mesmo antes de suas idéias chegarem ao umbral da consciência, para não dizer à fruição, a VDJ pode dar cabo delas com um bombardeio de mensagens negativas.

"Quem você pensa que é?" Bang!

Em geral, basta isso para acabar com sua incipiente idéia; caso contrário, a VDJ continuará o ataque até consegui-lo:

"Vamos, admita-o, você é muito instável em seu trabalho."

"Vão pensar que você enlouqueceu."

"Você vai parecer um asno."

"Bem, a idéia é boa, mas *você* nunca será capaz de apresentá-la."

"Lembre-se de que seu pai e sua mãe nunca chegaram a nada."

"Se você falhar desta vez, não terá outra chance."

"Melhor ficar quietinho e deixar que outro faça isso."

Essa guerra mental prossegue pelo dia afora, afetando as interações sociais que, paradoxalmente, podem ser cruciais para o seu bem-estar.

Digamos, por exemplo, que queira cumprimentar alguém no trabalho ou num restaurante. No momento crítico a VDJ ataca: "Mas não vê que ela está conversando com uma pessoa? Você não é suficientemente importante para interrompê-los". Foi-se o impulso

Diz um funcionário da Skaltek: "Sabemos quanto custa a máquina que vendemos e quanto dinheiro ganharemos na venda. Mas estamos também informados dos outros custos, como salários, viagens, impostos e desvalorização". Uma noção melhor de quanto as coisas realmente custam e de quanto cada um está produzindo dá aos funcionários da Skaltek uma idéia mais realista dos salários que devem ganhar. "Acho perfeitamente natural saber de tudo", acrescenta o funcionário. "Se trabalharmos no escuro, nunca saberemos de fato em que *nós* contribuímos." Outro empregado afirma: "Meu salário foi estabelecido livremente pela equipe. Cada qual tem uma opinião sobre o meu salário. E isso é bom".

Skalleberg observa: "Ninguém aqui sabe quem estabelecerá seu salário no próximo ano, pois envolvemos a todos no processo". E brinca: "Assim, têm de sorrir para todos os lados e tentar agradar a todos".

PEQUENO É MELHOR

AS DIMENSÕES afetam a criatividade no ambiente de trabalho. O gigantismo, por sua própria natureza, contraria a expressão eficaz das idéias. O melhor ambiente para o trabalho criativo parece ser o que obedece à escala da família ampliada, onde as pessoas consigam conhecer-se umas às outras.

Isso sugere que as corporações enormes, monolíticas, devam ser fragmentadas em unidades pequenas e semi-autônomas. Um defensor dessa abordagem é Jim Collins, professor da Escola de Administração da Universidade de Stanford. "À medida que a nossa sociedade evoluía de organizações pequenas para organizações de grande porte", explica ele, "ia asfixiando a inovação. Tínhamos pequenas escolas locais; hoje, temos vastos sistemas escolares. Tínhamos médicos de família; hoje, temos imensos complexos hospitalares burocratizados. Fazíamos reuniões de comunidade em que todos eram ouvidos; hoje, organizamos complicadas eleições em que muitos nem sequer votam. Tudo aumentou de tamanho.

Claro, é econômico fazer coisas em escala de massa. Mas algo se perde: o impulso criativo. A massificação gera o conformismo."

A história do crescimento econômico do Ocidente mostra que sua prosperidade baseou-se largamente numa sucessão de saltos inovadores. Esses saltos — invenção de tecnologias, produtos e serviços completamente novos — quase sempre foram dados por empresas pequenas ou divisões semi-independentes de corporações.

Isso, segundo Collins, aponta para a necessidade de considerarmos os benefícios de fragmentar organizações em unidades cada vez menores, com autonomia dentro do todo maior. "No Vale do Silício", diz Collins, "pequenas empresas e parcelas de grandes companhias puderam evoluir por conta própria, sem ser sufocadas pelo peso da burocracia. Houve ali divisões de divisões, cada qual concebida por um punhado de visionários. Foi como apanhar um grande diamante e quebrá-lo em pedacinhos, que por sua vez iam se transformando de novo, cada qual, num grande diamante."

JAZZ: UM MODELO DE TRABALHO

Poucas são as equipes criativas mais bem entrosadas que um grupo de *jazz* no auge da inspiração. Cada músico está "na sua", mas ainda assim todos criam uma única onda sonora. O *jazz* é um ótimo modelo de trabalho criativo em pequenos grupos.

Benny Golson, músico de *jazz* e compositor da trilha para a série de televisão *The Creative Spirit*, explica como os músicos trabalham juntos: "Em primeiro lugar, a colaboração é uma questão de escolha. Mas, se essa escolha foi feita, é porque os membros do grupo confiam uns nos outros. Depois, é como ferro polindo ferro: quando se esfregam dois pedaços, um afia o outro. Você tende, então, a preencher as lacunas que o companheiro não levou em conta. Cada pessoa se transforma num barômetro para a outra. E todos se encorajam mutuamente.

A confiança é o que faz um conjunto de *jazz* decolar. Entramos, então, numa zona nova, mas não sozinhos. Estamos acompanhados e a finalidade é criar. Isso pode ser excitante — desde que continue a haver confiança recíproca.

---

para fazer contato. E quem sabe aonde levaria esse contato?

A VDJ é usualmente insuflada na infância, quando nossos pais, professores e outras figuras autoritárias tentam nos ensinar o comportamento correto, temperando seus bons conselhos e exortações com palavras como *estúpido*, *bobo*, *burro* e, talvez mais importante, empregando um tom de voz capaz de provocar um duradouro impacto emocional na criança. Nós absorvemos a VDJ e a carregamos pelo resto da vida.

Agora, você dirá: "Essa VDJ que o senhor condena é justamente a voz que me diz a coisa certa a fazer. Sem ela, eu teria cometido um monte de asneiras na vida". Eis um exemplo de como a VDJ tenta escapar do anzol, confundindo a diferença entre pensamentos inibidores (a VDJ) e pensamentos estimulantes, que nos ajudam a progredir.

As duas vozes apresentam opiniões críticas a respeito das coisas, mas o espírito que as anima é muito diferente. Uma se enraíza no medo e nos faz recuar; a outra se alimenta da curiosidade e do desejo de aperfeiçoamento, ajudando-nos a perseguir inteligentemente nossos objetivos.

VER PÁGINA 108

SUBIR JUNTOS

EQUIPES ENTROSADAS, alimentadas pelas energias e habilidades de cada membro, podem ser mais dinâmicas e eficientes que qualquer um dos participantes. O psicólogo Robert Sternberg, de Yale, dá a isso o nome de "QI grupal" — a soma total, ou mesmo o produto de todos os talentos de cada pessoa do grupo. O que falta a uma pode ser fornecido por outra; o brilho de um membro é partilhado por todos. Quando a equipe é harmoniosa, o QI grupal é altíssimo, recompensa do líder que consegue montar um grupo bem "afinado": um líder que conhece os benefícios da partilha, da confiança e do encorajamento.

A inovação exige dois grandes lances: a criação de uma nova idéia e sua implementação. Embora um inventor solitário possa aparecer com uma idéia revolucionária, está cada vez mais difícil colocá-la no mercado sem a convocação de uma equipe de apoio. E as grandes inovações vêm sendo cada vez mais obra de esforços conjuntos. A próxima geração de supercomputadores, drogas geneticamente produzidas e fontes renováveis de energia também surgirá, sem dúvida, do trabalho coletivo.

A importância da colaboração destaca-se mais naturalmente em culturas como a japonesa, em que a harmonia grupal é um valor de base. Mas é uma lição difícil de se aprender em sociedades como a dos Estados Unidos, em que o herói errante e solitário há muito é idolatrado e em que os objetivos do indivíduo costumam ser antepostos aos do grupo. Entretanto, mesmo aqueles que trabalham sozinhos podem vir a perceber as vantagens do esforço coletivo.

Uma das maneiras de convencer as pessoas dos benefícios do trabalho conjunto é o evento que ocorre na Corporate Tower, no Pecos River Learning Center, onde os funcionários da Midwest Energy fazem um curso de treinamento. A torre, um paredão a prumo de 15 metros de altura eriçado de pinos, simula uma escalada de montanha. Três pessoas atacam a torre ao mesmo tempo, atadas por cordas umas às outras — uma ação metafórica para a cooperação criativa. O evento é a demonstração concreta da máxima: "Tenho de fazer isso, mas não posso fazê-lo sozinho".

Motivo: a pessoa que sobe não pode ir mais depressa nem mais distante que as duas que a acompanham. "À medida que se sobe, a coisa vai ficando excitante", diz Larry Wilson, do Center. "Todos precisam realmente ajudar-se, estimular-se, abaixar-se para puxar o outro. E é preciso estar disposto a pedir ajuda, o que não é nada fácil para alguns de nossos camaradas machistas.

Entretanto, quando aprendem essa lição, passam a pedir ajuda e a ajudar, e se sentem melhor quando ajudam. Isso une o grupo — três pessoas sob pressão real atuando num nível mais alto do que jamais imaginaram alcançar."

O LÍDER COMO PROVOCADOR

COMO MANTER, no nível criativo, um grupo de trabalhadores jovens e entusiastas? Anita Roddick tem sobre isso algumas idéias curiosas.

"Você precisa surpreendê-los", diz Roddick. "Quando visito uma equipe, em qualquer parte do mundo, reúno-me com ela e pergunto: 'O que vocês acham que há de errado conosco?' A princípio, é claro, as pessoas pensam: 'Será que ela quer dizer isso mesmo? Estará tentando insinuar que a empresa faz as coisas erradas?' Você precisa eliminar nelas a noção de que é uma grande mulher de negócios, de uma gigantesca e bem-sucedida companhia. Depois de rompidas as barreiras criadas por esses modelos, será possível fazer as perguntas realmente importantes: que acha de seu trabalho? Que mais aprecia nele? Como posso torná-lo mais excitante?

O único papel que me restou nesta empresa é motivar e provocar, abrir novos caminhos, criar novas maneiras de sentir a vida. E ninguém sente a vida, posso garantir, vendendo creme hidratante.

As pessoas, entretanto, anseiam por quebrar regras e agitar o ambiente de trabalho porque nossa sociedade as condicionou a não desafiar nada. Assim, apenas lhes damos a oportunidade de encarar esse desafio.

Por exemplo, quando fizemos nossa campanha de reciclagem, imprimimos 28 milhões de sacolas para os produtos Body Shop. Sacolas comuns, de papel reciclável. E perguntamos ao governo: 'Por que vocês não imprimem as contas de telefone, gás e luz em papel reciclável?' Colocamos a idéia em cartazes em nossas lojas e explicamos ao consumidor quantos milhões economizaríamos por ano, quantas árvores salvaríamos. E, por puro atrevimento — outro exemplo de trabalho criativo —, exibimos o telefone e o endereço das autoridades responsáveis, para contatos. Elas foram bombardeadas de queixas! Só o que se tem a fazer é mostrar às pessoas como agir: isso leva os pensamentos delas para outro plano.

É preciso permitir que as pessoas atuem e assumam riscos. Um exemplo: nas tardes de sexta-feira todos os nossos laboratórios de pesquisa e desenvolvimento ficam fechados, mas quem quiser entrar e fazer experiências tem essa liberdade. Se descobrir um produto interessante, nós o desenvolveremos, comercializaremos e pagaremos *royalties* ao inventor. Isso é estimulante."

Esse novo estilo de liderança, que dá aos empregados permissão e proteção para acionarem seu potencial criativo, é absolutamente imprescindível no mundo dos negócios de hoje. Por ele, reconhece-se que um movimento mental original da parte de um funcionário pode dar à organização uma vantagem competitiva.

Faz apenas uma ou duas décadas que, em muitos países e indústrias do mundo inteiro, a demanda de produtos e serviços superou a produção. Isso facultou a alguns empresários o luxo de gerirem sua companhia de dentro da matriz, do

Heurística:
Diga Alô e Adeus à Sua VDJ

Durante todo o dia, você pode treinar para derrotar a sua VDJ. No espírito do "conhece teu inimigo", comece por inteirar-se de como a VDJ opera. Tente descobrir de onde ela vem e quantas vezes se manifesta ao longo do dia. Eis um exercício que você pode fazer.

⌾ Pense numa pessoa com quem tem um relacionamento íntimo ou que trabalha ao seu lado. Apanhe um pedaço de papel e escreva no alto: "O problema com (nome) é" e mencione todas as queixas que tem contra ela, como por exemplo: "Não cumpre o prometido" ou "Quer ser sempre o centro das atenções". A seguir, numa página intitulada "O problema comigo é...", faça uma lista paralela sobre você.

Depois, compare as duas. As críticas a si mesmo reproduzem as críticas à outra pessoa? Não será de surpreender se isso acontecer até certo ponto. Os psicólogos de há muito estão familiarizados com um fenômeno chamado "projeção". Em essência, projetar significa atribuir a outros qualidades que, por diversas razões, relutamos em reconhecer em nós mesmos.

As listas ajudam a compreender não apenas como a VDJ nos prejudica, mas também como se mete em nossos relacionamentos.

VER PÁGINA 109

modo que bem entendiam, forçando os consumidores a aceitar tudo. Mas, atualmente, a concorrência global, que praticamente ignora fronteiras, colocou o consumidor no assento do motorista, como jamais acontecera antes. A empresa que quiser competir tem de ouvir o mercado e detectar as preferências dos clientes. A vantagem competitiva reside nas respostas imaginativas dadas no ponto exato em que a companhia se encontra com o consumidor.

"O contato com o consumidor é a hora da verdade", afirma Jan Carlzon, do SAS. "Se você o deixar satisfeito, a companhia estará em boa forma. Mas se manobrar equivocadamente, deixará um rastro de consumidores insatisfeitos e provocará até mesmo uma falência." Ele acrescenta, porém, que a resposta imaginativa não pode ser dada a distância, da matriz: "É na linha de frente, não no escritório central, que temos acesso à informação necessária para utilizar a intuição e tomar as decisões corretas". O resultado, segundo Carlzon, é que o mundo dos negócios precisa repensar inteiramente a sua organização, permitindo que mais pessoas tenham o poder de decisão outrora concentrado no topo da pirâmide.

"O único recurso real de que dispomos é o consumidor, preparado para comprar o que lhe oferecemos", acredita Carlzon. "Se compreendermos isso, colocaremos o consumidor no alto de qualquer organograma que elaborarmos. Em seguida, colocaremos as pessoas que estão lá fora, lidando com ele, enfrentando-o todos os dias. A essas pessoas daremos liberdade, responsabilidade e autoridade para tomar decisões no local, a bem da companhia.

"Veremos, então, que os administradores — o escalão superior —, antes instalados no topo do organograma, devem ficar embaixo e atuar como tropas de apoio para os que se encontram na linha de frente, encarando os consumidores."

Nos termos da nova visão de Carlzon, o objetivo da administração é radicalmente diferente: servir aos que lidam face a face com o consumidor, fazendo tudo para que realmente representem a companhia.

ADAPTAR-SE PARA SOBREVIVER

CRIATIVIDADE, obviamente, significa algo mais que uma grande revolução. As empresas precisam também desenvolver práticas seguras de pequenos melhoramentos e aperfeiçoamentos nos produtos e serviços. Paradoxalmente, a fonte de algumas das melhores idéias do mundo se encontra na tradição consagrada. E os melhores exemplos nos vêm do Japão.

No Japão, algumas das pessoas mais criativas passam o tempo a adaptar e aperfeiçoar, meticulosamente, idéias existentes. Esse processo contínuo de ajustes e reparos gera produtos bonitos e extraordinariamente bem-sucedidos. Trata-se de uma nova maneira de criar, dadas as origens culturais distintas.

Kenneth Kraft, professor de estudos budistas na Universidade Lehigh, senta-se no templo Daisen-in de Quioto, num jardim tão reverenciado no Japão que consta como tesouro nacional.

"O Japão é um país muito pequeno. Assim, por razões práticas, é preciso imaginar com antecedência o modo de fazer determinada coisa num espaço tão limitado", explica Kraft. "Este jardim, por exemplo, tem apenas 4 metros de largura por 15 de comprimento. Nas fotografias parece maior, mas, na realidade, é minúsculo. Todavia, nesse minguado espaço, foi criada toda uma paisagem."

A noção subjacente ao jardim é ver um espaço pequeno como uma área vasta — até mesmo como símbolo do próprio universo. Essa idéia se enraíza na filosofia Zen.

"Aqui no jardim pode-se perceber que a arte da miniaturização já estava altamente desenvolvida numa fase remota da cultura japonesa", observa Kraft. "Se você olhar cuidadosamente, notará que os rochedos ao fundo criam uma sensação de profundidade. Isolados apenas por uma fina camada de cascalho, de algum modo parecem muito distantes, embora na verdade estejam ao alcance da mão. Os japoneses descobriram que, por meio da miniaturização, podem fazer muito num espaço reduzidíssimo."

Toda vez que você interagir com a pessoa mencionada na "lista de problemas", preste atenção às críticas da VDJ que lhe vierem à mente. Anotar essas críticas lhe permite distanciar-se um pouco delas, e a nova perspectiva poderá capacitá-lo a eliminá-las.

Ao mesmo tempo, considere que as visões progressivas sobre como você e a outra pessoa podem avançar talvez estejam fundamentadas nessas críticas. E é aqui que recorrerá a seu senso de compaixão, o qual o levará a reescrever e reformular as críticas para transformá-las de insulto em visão.

VER PÁGINA 124

Jardim Zen no templo Daisen-in, em Quioto.

A Criatividade no Trabalho

Há vários outros aspectos da cultura japonesa em que a miniaturização constitui o princípio organizacional — das árvores *bonsai* aos gravadores e câmeras de vídeo portáteis. Assim como um jardim Zen parece conter o universo inteiro, esses minúsculos artefatos eletrônicos comprimem num espaço incrivelmente exíguo todo um mundo de poder tecnológico.

"Outra característica destacada deste jardim é o tipo de adaptação que revela. Os japoneses são muito hábeis nessa adaptação. No tempo em que o jardim foi construído, o Japão era muito influenciado pela China. Mas o que quer que os japoneses tomassem emprestado da China não era apenas trazido para substituir o que já aqui houvesse: quase sempre desenvolviam o elemento importado lado a lado com o elemento nativo, combinando-os de maneiras novas.

Imaginamos o Japão como uma espécie de comprador internacional, que extrai o melhor de cada cultura a que se acha exposto. Mas a coisa é bem mais complexa: trazer elementos de outras culturas significa ter de adaptá-los a novas circunstâncias. Não se pode fazer um empréstimo sem adaptar — e a adaptação precisa ser muito criativa."

Por exemplo, a fabricação de estênceis para padrões de tecidos é uma tradição milenar no Japão. Durante séculos, foram utilizados nos desenhos de quimonos. E as mesmas técnicas eram aplicadas na produção artesanal de papel: os papéis de parede japoneses ainda gozam de imenso prestígio.

Quando o mercado para o papel artesanal se retraiu, uma companhia de Quioto, a Kyotek, passou a manufaturar sofisticados circuitos impressos para computadores. A habilidade era a mesma com esse produto inteiramente novo. De igual modo, os fabricantes de cerâmica japoneses tomaram a dianteira no desenvolvimento de novos usos e de alta tecnologia para sua produção, adotando e adaptando os antigos métodos dos torneiros japoneses.

Assim a Kyotek e outras empresas japonesas não apenas preservam as habilidades tradicionais como criam novos produtos a partir dessa tradição — adaptação necessária à sobrevivência num mercado competitivo de âmbito global.

ABELHAS-OPERÁRIAS E ABELHAS-EXPLORADORAS

UMA COMPANHIA criativa mantém o equilíbrio entre o conservadorismo e o dinamismo. Essa mistura é ideal. "Existe uma tensão natural entre as empresas do tipo que se poderia chamar da 'lei-e-da-ordem' e as pessoas criativas", declara Jan Carlzon, do SAS. "As da lei-e-da-ordem têm controladores que desejam administrar o negócio segundo regras e rotinas fixas, cultivar a previsibilidade e assim por diante. Para essa gente, 'liberdade' é ficar livre de experiências, de incertezas. Sua postura, evidentemente, entra em choque com os tipos criativos dados à aventura.

Os dois tipos têm de estar presentes numa empresa ágil. Mas eles devem fazer mais que respeitar-se mutuamente: devem compreender-se um ao outro. Trabalhei muito por isso em minha própria companhia e, durante algum tempo, tivemos um clima de intensa criatividade, como se fosse Natal todos os dias para as pessoas criativas.

Mas o pêndulo começou a oscilar quando os representantes da 'lei-e-da-ordem' foram assumindo o controle. Então, tudo passou a ser controlado — não se podia sequer respirar. Preferi, pois, estabelecer um equilíbrio em vez de deixar que o pêndulo oscilasse demais outra vez.

Na colméia há diferentes espécies de abelhas: operárias e exploradoras. Na verdade há outras, mas essas são para mim as mais importantes. As exploradoras são as abelhas criativas da colméia. Estão constantemente revoando para descobrir novas fontes de pólen. Quando encontram uma, voltam à colméia e informam às demais a localização da descoberta.

Em seguida, as operárias levantam vôo em esquadrões bem-organizados e comandados, e trazem o pólen. As abelhas-exploradoras, porém, não compreendem os sinais que determinam às operárias empreenderem a colheita do pólen: elas foram programadas apenas para voar e explorar.

Eis aí o equilíbrio que eu gostaria de estabelecer numa empresa. Nela haveria respeito mútuo e a compreensão de que tanto os empreendedores criativos quanto o pessoal da 'lei-e-da-ordem' são necessários para a produtividade de uma companhia."

Um Porto Seguro Para as Idéias

COMO VENCER A NEGATIVIDADE

FORA A ESTRUTURA da companhia, as atitudes que orientam suas operações podem estimular ou bloquear a criatividade. Um dos melhores caminhos é alimentar sentimentos de confiança e respeito a ponto de as pessoas se sentirem suficientemente seguras para exprimir idéias novas, sem medo de censura. No mercado, os pensamentos engenhosos têm valor financeiro. Tudo, de cartões de crédito ou microchips até sorvetes ou aviões, foi antes apenas uma idéia brilhante na cabeça de alguém. As atitudes embotadas, pouco receptivas, destroem as oportunidades.

Vejamos um exemplo clássico. Em 1878, a Western Union renunciou aos direitos sobre o telefone com a justificativa: "Para que a companhia utilizaria um brinquedo elétrico?" E não só o telefone, mas também o rádio e o microcomputador foram originalmente considerados sem potencial de comércio.

> "Mas, com os diabos, quem gostaria de ouvir os atores falando?"
> - Harry M. Warner, presidente da Warner Bros. Pictures, em 1927

A voz do julgamento crítico mata semelhantes inspirações. O cúmulo do modo negativo de pensar é a declaração de Charles H. Duell, comissário do Departamento Americano de Patentes, que em 1899 relatou ao presidente McKinley: "Tudo que tinha de ser inventado já o foi". Duell sugeria que o departamento fosse extinto.

Somente a companhia ou o empresário abertos às possibilidades e sonhos podem aproveitar a oportunidade quando ela se apresenta. Somente graças à abertura é que alguém conseguirá obter a vantagem competitiva oferecida pela inovação.

No ambiente de trabalho, existem duas forças principais que impedem ou encorajam a criatividade. Uma delas é a atitude interior das pessoas para com a inovação; a outra, a atmosfera da empresa. Se ambas estiverem em harmonia, a mudança se dá sem esforço; se não estiverem — e quase nunca estão —, o ímpeto criativo é entravado.

O equivalente da voz interior de julgamento, no ambiente de trabalho, é o chefe ou colega que reprime uma idéia promissora. Em parte, o poder dos negativistas para destruir uma idéia criativa vem da fragilidade da inspiração. Com freqüência, a pessoa que concebe uma idéia criativa realmente nova alimenta dúvidas quanto ao seu valor – uma ambivalência natural. Se ela apresenta a idéia num ambiente bitolado, a fagulha criativa morre ali mesmo e na mesma hora.

"Digamos que você corra o risco de ir para o trabalho com uma grande idéia nova", diz Michael Ray, de Stanford. "Quando a comunica a um colega a quem respeita, ele o adverte: 'Cuidado, você está pisando em terreno perigoso. A bonificação de Natal está a caminho. Poderá até mesmo perder o emprego se espalhar uma idéia maluca como essa'. Tenho observado vezes sem conta, nas empresas, que diante de uma idéia nova a primeira reação é o ridículo. Eis um sinal: você fica sabendo que está no caminho certo quando as pessoas atacam a sua idéia. Se insistir nela um pouco mais, elas dirão que é óbvia. E, se a desenvolver mais ainda, fazendo com que funcione, dirão que a idéia foi *delas*."

Por isso Ray insiste: as pessoas que trabalham juntas devem se unir para controlar a negatividade automática que com tamanha freqüência saúda uma idéia nova. Outra maneira de abafar a voz da crítica é estimular as perguntas "inocentes" que chamam a atenção para aspectos despercebidos do ambiente de trabalho. Essas perguntas, embora inocentes, nunca são "idiotas" — elas desafiam as pessoas a examinar o quadro mental habitual que transforma o trabalho em rotina sem inspiração.

"Quando você faz, no mundo dos negócios, perguntas que de fato tocam o ponto", diz Ray, "a reação típica é um olhar vazio ou uma não-resposta do tipo 'Porque sempre foi assim aqui'. Isso quer dizer apenas que você fez uma pergunta 'idiota' realmente boa, pois as pessoas quase nunca sabem por que sempre agiram de determinada maneira."

Uma vez silenciada a voz da crítica, surge um espírito de esperança e otimismo que considera o fracasso simplesmente uma informação capaz de tornar bem-sucedida a próxima tentativa.

TENTE SER POSITIVO

SE AS PESSOAS quiserem perseverar, a despeito dos obstáculos, terão de parar de esmiuçar as razões pelas quais alguma coisa não funciona e começar a descobrir as maneiras de *fazê-la* funcionar. Jim Collins, de Stanford, diz: "Meus alunos de administração são ótimos em destruir idéias empresariais. Se lhes apresento o estudo de caso de um empresário, eles logo afirmam: 'Está errado, não presta, por isso jamais funcionará'. E me dão dezenas de motivos para esse fracasso".

Então o empresário visita a classe. "Ele dirá: 'Sim, todas essas razões são verdadeiras. Mas, mesmo assim, fomos em frente e imaginamos quinze maneiras de superar esses quinze problemas, fazendo com que tudo funcionasse'".

"O cavalo veio para ficar, mas o automóvel é apenas uma novidade passageira."
- O presidente do Michigan Savings Bank aconselhando o advogado de Henry Ford a não investir na Ford Motor Company

"A máquina voadora mais pesada que o ar é impossível."
- Lorde Kelvin, 1895

"Após seis meses, a televisão não se manterá no mercado que porventura houver conquistado. As pessoas logo se enfastiarão de contemplar todas as noites uma caixa de madeira."
- Daryl F. Zanuck, presidente dos estúdios cinematográficos da 20th Century Fox, sobre a televisão, em 1946

A Criatividade no Trabalho 113

SIM E NÃO

Sempre comparo uma idéia a um fio de ouro", diz o desenhista Chuck Jones. "É algo realmente belo, encantador, mas também frágil.

Você vai remoendo essa idéia, que é um SIM... e 'sim' significa contribuir, ajudar — eu preciso de ajuda para ter forças para viver.

Quando vemos o que é um NÃO, ele parece uma coisa monolítica, feia. Feita de cimento.

Todavia, muitos fizeram carreira — tornaram-se presidentes de empresas cinematográficas — dizendo não! É uma das palavras mais hediondas de qualquer língua. Mas não pode destruir uma idéia porque o frágil e pequenino 'sim' tenta sobreviver em nós...

Qualquer um pode substituir esse NÃO monstruoso pelo SIM, antes mesmo que ele nasça."

A melhor resposta a um quadro mental que destrói idéias novas é afirmar que uma visão ousada *pode* funcionar com algumas soluções criativas. Os inovadores devem ser ousados o suficiente para calar as vozes do medo e da dúvida. "Não podemos estar constantemente preocupados com o que acontecerá se tentarmos alguma coisa e não der certo", diz Collins. "Talvez você não saiba como fará um negócio funcionar ou como colocará um produto no mercado. Mas, se se empenhar, as probabilidades ficarão a seu favor."

Quando Nolan Bushnell era presidente da Atari, a empresa pioneira no ramo dos *videogames*, imaginou o jogo "Breakout" quando estava em férias. Na Atari, todos eram encorajados a ser francos um com o outro, e quando ele comunicou sua idéia para o jogo, a resposta foi um "não" redondo.

Mas ele tinha uma visão clara de como o jogo seria e foi em frente. "A sabedoria comum nas companhias do ramo da época era que jogos com remos estavam ultrapassados", conta Bushnell. "Eu, porém, tinha certeza de que seria divertido."

Assim, Bushnell saiu e contratou um consultor para desenvolver o protótipo do jogo. Quando o pessoal da Atari fê-lo funcionar, o ceticismo se transformou em entusiasmo. O "Breakout" acabou se tornando um dos jogos mais vendidos de todos os tempos.

Às vezes, uma idéia intuitiva se revela tão vigorosa que leva a pessoa a alterar radicalmente sua vida. Tomemos o caso de Lou Krouse. Há 25 anos trabalhava como diretor de nível médio numa companhia telefônica quando teve uma idéia brilhante — e tão irresistível que resolveu montar seu próprio negócio.

O problema que decidiu enfrentar era o seguinte: cerca de 20% das famílias americanas não tinham conta bancária. Essas pessoas, as mais pobres, não podiam preencher cheques. Para saldar uma conta telefônica, por exemplo, tinham de perder tempo indo à companhia para pagar em dinheiro, se não quisessem comprar uma ordem de pagamento a 1,5 dólar.

Krouse imaginou um sistema de máquinas eletrônicas, instalado em lojas, em que as pessoas sem conta bancária pudessem liquidar seus débitos confortavelmente, perto de casa, e sem custos extraordinários. Para as lojas, aquilo significaria a presença de centenas de clientes a mais atravessando as portas. Quanto às companhias, receberiam seus pagamentos com um mínimo de complicações.

Entretanto, para transformar seu sonho em realidade, Krouse teve de correr o país em busca de apoio financeiro. Estava a um passo da falência pessoal quando, finalmente, encontrou um banco disposto a investir, permitindo-lhe instalar suas máquinas automáticas em troca de participação no negócio.

Após três anos, a empresa de Krouse, a National Payments Network, obteve lucros de 26 milhões de dólares anuais, com 3,5 milhões de clientes em 19 Estados.

VALORIZE A INTUIÇÃO

A CAPACIDADE de tomar decisões intuitivas é um ingrediente básico da criatividade. Intuição significa relaxar o controle da mente racional e confiar na visão do inconsciente. Como a intuição não pode ser quantificada nem justificada racionalmente, costuma encontrar oposição no ambiente de trabalho. Tem, porém, o selo da verdade porque se enraíza na capacidade do inconsciente de transformar informações em idéias inesperadas.

"A intuição é o que acrescentamos à informação coletada", explica Jan Carlzon, do SAS. "Se compreendermos isso, veremos que jamais coletaremos a informação total. Precisamos somar nossos sentimentos e nossas reações instintivas para tomar a decisão correta. Nesse sentido, não existe uma resposta certa para todos — apenas a resposta certa para nós. É dessa forma que utilizamos a intuição de maneira correta."

Uma das forças que tornam um forte senso intuitivo ainda mais valioso é o fato de o mundo estar caminhando para um único cenário global — ao menos, é o que pensa Carlzon. "Embora o fenômeno seja mais óbvio na Europa, por toda parte se nota a tendência a abolir fronteiras", garante ele. "Nota-se isso nos negócios, na economia, na cultura, na culinária, em tudo. As únicas fronteiras que vão permanecer serão as políticas." Gerir um negócio nesse cenário global exige formas inovadoras de compreender as necessidades de diferentes culturas e povos, a fim de atender a elas. Com freqüência, uma decisão única não satisfará as demandas, digamos, de suecos, italianos e japoneses.

"É aí que devemos calcular, com base em nossa intuição, quais serão os sentimentos e reações das pessoas", diz Carlzon. Empresários que sabem escutar os consumidores, em vez de apenas analisar gráficos e estatísticas terão um

A Criatividade no Trabalho

COMO LUBRIFICAR O ESPÍRITO CRIATIVO

Uma das maneiras de incentivar pessoas a assumirem riscos criativos é recompensá-las por isso. Tom Melohn, ex-presidente da North American Tool & Die, adotou essa atitude.

Todos os meses, Melohn distribuía gratificações por inovações e esforços extraordinários. Um dos ganhadores foi Jim Norsworthy, operário de manutenção. Sua idéia referia-se aos problemas criados pelos enormes gastos com o óleo usado na companhia — óleo que poderia transformar-se em lixo tóxico. Norsworthy ouviu falar de uma máquina de reciclagem dotada de um filtro engenhoso que permitia usar novamente o óleo, em vez de jogá-lo fora. Insistiu para ter uma; a máquina se pagou em uma semana.

Recompensando esses esforços individuais de inovação, Melohn transformou uma sonolenta empresa metalúrgica numa companhia-modelo, com vendas superiores a 25% ao ano, e um retorno de investimento equivalente ao das primeiras cinqüenta das quinhentas empresas da *Fortune*.

futuro esplêndido numa economia competitiva global, acredita Carlzon.

"Infelizmente, as escolas não nos ensinam a confiar em nossa intuição. Ao contrário, transmitem uma espécie de conhecimento absoluto. Induzem os alunos a procurar uma resposta certa, que obterão desde que reúnam informações completas. Entretanto, na vida real, descobrimos que, mesmo depois de reunir todos os dados relevantes, continua a existir uma lacuna, uma área que não se pode avaliar com precisão. E é nesse ponto que precisamos recorrer à intuição para tomar a decisão final e ir em frente.

As escolas também erram quando avaliam o desempenho em termos absolutos. Elas ensinam tendo em mira respostas específicas, centímetros, quilos, quantidades certas ou erradas. E, de acordo com isso, dão notas. Nunca, porém, dizem aos alunos o que existe além do alcance dos absolutos, quais as incertezas que constantemente enfrentamos na vida cotidiana.

Penso que deveríamos ensinar ambas as abordagens: a mensuração absoluta e o conhecimento intuitivo."

Diz Anita Roddick: "Nenhuma pesquisa de mercado no mundo irá nos esclarecer por que as pessoas evitam comprar um produto ou por que gostam de uma empresa. Entretanto, se recorrer à intuição, poderá examinar um complicado relatório de pesquisa sobre a indústria de cosméticos e afirmar: 'Isto está errado'".

Roddick cita um relatório sobre tendências de mercado segundo o qual as vendas de produtos infantis diminuiriam. "Mas nossa intuição dizia o contrário", recorda ela. "Tantas mulheres da empresa, e outras que conhecíamos, estavam tendo bebês que, para nós, esse mercado cresceria mais que as projeções. Então reexaminamos tudo e descobrimos que os números reais eram quatro vezes maiores do que a pesquisa mostrava. Eis a intuição em ação".

O RISCO ESTÁ NO OLHO DO OBSERVADOR

O RISCO, COMO A BELEZA, está no olho do observador. Um empreendimento arriscado ou perigoso, quando visto de fora, pode parecer inteiramente diferente à pessoa envolvida. A variável oculta é a dedicação.

Como diz Anita Roddick, da Body Shop, "Não acho que corro riscos. Não acho que qualquer empresário corra. Isso, para mim, é mais um dos muitos mitos do comércio. O novo empresário é mais motivado por valores: faz o que parece arriscado aos outros porque o faz por convicção. Outras companhias dirão que estou me arriscando, mas é apenas a minha maneira de agir: para mim, não parece risco".

Abrir um novo negócio é o exemplo clássico do aproveitamento de oportunidades. O caso do capacete Giro é instrutivo. Jim Gentis foi o ciclista que inventou um desenho inteiramente novo para o capacete de ciclista. Sua paixão eram as corridas de bicicleta, mas ele odiava os pesados e incômodos capacetes que os esportistas tinham de usar. Com quase 5 quilos, aquela carapaça pesava demais, tinha a aerodinâmica de um capacete militar e tornava a prova excessivamente cansativa.

Gentis não tinha capital para iniciar o negócio, mas sabia que queria um novo capacete e estava decidido a fabricá-lo. Assim, após muitas experiências, chegou ao desenho de um produto mais liso, mais aerodinâmico e com toda a resistência estrutural dos antigos modelos. Usou o mesmo material básico, poliestireno.

Mas, ao tentar cobrir o poliestireno com uma proteção sólida e atraente, teve problemas. O material que queria usar era um plástico ultraleve... e a máquina para fabricá-lo custava 80 mil dólares, que ele não possuía. Depois de inúmeras tentativas, e já quase desesperado, Gentis finalmente se decidiu por uma cobertura de *lycra* que poderia ser produzida numa grande variedade de cores e padrões.

Gentis não dispunha de capital para abrir uma empresa. Ao que tudo indicava, não tinha chances. Mas, começando com algumas vendas a amigos, o capacete "pegou". Ele oferecia aos aficionados do ciclismo a necessária segurança, deixando-os elegantes e com um acessório que combinava com o resto do equipamento. Sucesso instantâneo, o Giro passou a dominar o mercado, desde que foi lançado. A dedicação de Gentis alterou as probabilidades.

A Criatividade no Trabalho

UM SALTO DE FÉ

PARA LARRY WILSON, do Pecos River Learning Center, o problema é o seguinte: "Se você fizer sempre o que sempre fez, ganhará sempre o que sempre ganhou". Isso gera crescimento zero, estagnação.

O antídoto é constatar: "Você fará sempre o que sempre fez se pensar sempre da maneira como sempre pensou". Por isso, diz Wilson, "ajudamos as pessoas a encarar os riscos de modo diferente, para que não tenham tanto medo. Não se pode eliminar totalmente a ansiedade que envolve os riscos, mas é possível reduzi-la bastante".

Talvez os melhores dados sobre redução da ansiedade perante o risco nos venham das pesquisas sobre pára-quedismo. O psicólogo Seymour Epstein, da Universidade de Massachusetts, avaliou os níveis de ansiedade em pára-quedistas iniciantes e veteranos, durante o preparo para o salto.

Os veteranos mostravam-se calmos, enquanto enrolavam o equipamento, entravam no avião e subiam centenas de metros antes de projetar-se no ar rarefeito. Relatavam pouquíssima ansiedade até os minutos que antecediam o salto.

Os iniciantes, porém, experimentavam crescente ansiedade a cada etapa do processo: enquanto enrolavam o pára-quedas, subiam para bordo e ganhavam altitude. No caso deles, a mera antecipação do que estava para acontecer aumentava a excitação nervosa. Embora ainda fossem saltar, era como se já tivessem saltado... para o desastre.

Não importa o cenário, a ansiedade que precede a aceitação do risco brota das exageradas fantasias de fracasso e catástrofe. Passa-se mais ou menos a mesma coisa no ambiente de trabalho: *Se eu comunicar esta nova idéia e ela for recusada vou passar por idiota na reunião.* O chefe o considerará incompetente e o preterirá na promoção ou no aumento que você pleiteia. Pior ainda, sua mente irá lhe dizer: *No próximo corte de funcionários, serei o primeiro a perder o emprego.* E, como acha que será dispensado, nunca conseguirá obter outro posto. Não pagará as prestações do carro ou da casa, nada. E antes de se dar conta, estará se vendo como um mendigo de calçada.

Portanto, bico calado. Melhor pingar do que secar, diz você a si mesmo, e recolhe-se a esse refúgio seguro.

É o que ocorre na escalada do Pecos River Learning Center. Enquanto você lá está, esperando a sua vez, a mente pode facilmente acionar a alavanca da catástrofe. Você se verá paralisado pelo resto da vida, estirado num leito de hospital... e, de repente, de algum modo, acha coragem para dar o salto.

Para esses saltos, você precisa de certo grau de fé. E eles constituem uma metáfora eloqüente dos saltos que uma organização criativa exige.

Mais Que Um Emprego

༄*
NUVENS NO PISO

UMA ABORDAGEM DIFERENTE, para estimular a vida criativa no trabalho, diz respeito ao ambiente físico. Um escritório frio e convencional sugere um modo convencional e frio de ver as coisas. Da mesma forma, os ambientes exuberantes e variados induzem a idéias criativas.

Na matriz do SAS, por exemplo, foram planejadas atividades para levantar o ânimo: há, entre outras, um quarteto de cordas tocando durante o almoço. Explica o presidente da companhia, Carlzon: "Queremos que as pessoas se sintam estimadas e respeitadas, pois sabemos que, assim, trabalharão melhor para a companhia".

Na opinião de Anita Roddick, a própria estética de um escritório pode representar um estímulo para a imaginação. "Fui professora e sei que uma das maneiras de despertar a criatividade é tornar o ambiente excitante ou mesmo divertido. Por isso, andar pelo nosso escritório constitui uma experiência visual e sensorial muito diferente da que ocorre na maioria dos espaços de uma companhia normal.

Para onde quer que você se volte, verá nas paredes cartazes, gráficos e fotografias que homenageiam o espírito humano – mas não gráficos de lucros e produtividade, de quanto dinheiro estamos ganhando. Exibimos grandes idéias, grandes imagens para exprimir o que desejamos – desde as palavras do Chefe Seattle até essa maravilhosa mostra fotográfica intitulada A Família do Homem. Colocamos isso por toda parte e é o que as pessoas vêem quando suspendem o trabalho. A estética de uma empresa é um modo de arejar o espírito.

Em nossos escritórios, todos têm de descer um estreito e comprido corredor para chegar aos grandes depósitos. Tentamos tornar esse percurso estimulante, com maravilhosas fotos de povos indígenas do mundo inteiro que são nossos parceiros comerciais. Observando as pessoas passando por esse corredor, notei que tocavam as paredes enquanto caminhavam.

Assim, brincamos de acrescentar texturas e sons ao visual: gomos de bambu, apitos, bisnagas, tudo que produz barulho. Assim, quando alguém atravessa o corredor, pode realmente fazer som: basta apertar alguma coisa e ela ressoará. É uma idéia totalmente maluca, espetacular para uma criança de 6 anos. Mas eu quis descobrir como é chegar ao trabalho com um pouco mais de entusiasmo.

O mesmo princípio se aplica às nossas lojas. Não quero me sentir entediada ali. Deus me livre! Se eu ficar entediada, meus clientes também ficarão! Assim, procuro maneiras de surpreendê-los: um mostruário original, o som de água corrente ou balconistas de uniforme completamente novo.

Desejamos fazer nosso pessoal se apaixonar pela mudança. Assim, tudo está sempre mudando na atmosfera da companhia. Amanhã os quadros de avisos já não serão os mesmos."

A idéia de manter os sentidos vivos e despertos está realmente embutida na arquitetura da Enator, uma empresa sueca de consultoria cujo produto são sugestões e soluções para os problemas dos clientes. Se criatividade significa colocar as coisas de cabeça para baixo e de dentro para fora, a Enator foi projetada arquitetonicamente para ajudar os funcionários a permanecer mentalmente bem-dispostos. "Acho estimulante trabalhar num edifício onde sempre se está numa viagem de descoberta", declara Hans Larson, presidente da Enator.

A fim de cultivar a propensão mental a encarar imediatamente os problemas, a própria planta do edifício da companhia é intrigante. A cada passo, as pessoas deparam com "problemas" perceptuais e físicos — literalmente. No prédio da Enator não existem recintos retangulares; as formas e ângulos são bizarros. Não há espaços prontamente reconhecíveis pela mente — onde os olhos pousam, encontram o inesperado:

• No piso, a pintura surrealista de um céu coberto de nuvens

• Nas paredes, *trompe l'oeils* que sugerem barras tridimensionais onde há apenas superfície plana

• Postigos e janelas abrindo para panoramas surpreendentes de atividade em outros recintos e andares

• Corredores em ziguezague, nunca em linha reta, que passam ao lado de uma mescla de figuras geométricas: círculos, cubos, trapézios

• Espaços pouco convencionais, como uma sala de reuniões onde as pessoas debatem e tomam refeições sentadas a uma mesa feita de um grande piano.

Mais que isso, não há nenhum dos costumeiros indicadores visuais: nenhuma placa nas portas, nenhum sinal informando onde você está. Se quiser ir a algum lugar ou falar com alguém, terá de perguntar. Isso obriga as pessoas a perguntar, a conversar. Por isso todos estão sempre se encontrando, se falando, se entrosando. Desses encontros, surgem relacionamentos surpreendentes.

Outra vantagem é que o próprio edifício estimula o tipo de interação espontânea essencial para o trabalho em equipe. Um dos funcionários da Enator diz: "É muito fácil apegar-se a uma maneira de ver as coisas, por isso passamos muito tempo trocando idéias. Se este fosse um prédio convencional, o contato seria dificultado, pois teríamos de atravessar corredores, entrar em cubículos e encerrar-nos ali dentro. Aqui é fácil: todos os espaços nos reúnem".

A camaradagem é fortalecida pela atmosfera da companhia. Hans Larson afirma: "Quisemos construir um segundo lar para o nosso pessoal". E, como se estivessem em casa, todos se sentem livres para ser eles mesmos. Conforme explicou um consultor da empresa: "O edifício reflete a atitude de que é bom parecer que não fazemos nada. Os outros pensam que estamos meditando e ninguém se sente culpado por ir tomar um cafezinho".

COMO UMA FAMÍLIA

QUANDO OS ADMINISTRADORES tentam formar uma equipe harmoniosa, descobrem que um dos ingredientes quase nunca é associado ao ambiente de trabalho: amor.

"Amor não é uma palavra a respeito da qual as pessoas falem com desenvoltura", diz Larry Wilson. "Entretanto, vemos cada vez mais que elas querem saber se alguém se preocupa com elas, se não são vistas apenas como peças substituíveis. A verdadeira liderança demonstra a intenção de cuidar das pessoas e amparar seu crescimento.

A liderança envolve três coisas. A primeira, criar uma visão em que você acredite e que possa comunicar aos outros; a segunda, aproximar as pessoas dessa visão; a terceira, aperfeiçoar e desenvolver aqueles que você lidera, sem atentar para as conseqüências que essa evolução possa lhe acarretar.

O terceiro objetivo é uma forma de amor, de dedicação. Não importa a palavra que você empregue, se sou-

ESPÍRITO DE DEDICAÇÃO

O poder que as pessoas têm de dedicar-se a seus colegas — e de encontrar soluções criativas para seus problemas humanos — é exemplificado pelo caso de Randy Theis, funcionário da Des Moines Water Works. Theis contraiu câncer, e uma série de operações obrigou-o a gastar até o último dia de licença, o que fez enorme pressão financeira sobre ele e a família de cinco filhos.

Os gastos com seguro de saúde estavam subindo vertiginosamente na companhia e não havia como ampliar sua licença de tratamento. Então, um grupo de colegas teve a idéia de doar seus próprios dias de licença a Theis. A empresa alterou os estatutos para permitir isso e 25 funcionários fizeram a doação.

A respeito desse incidente, diz James Autry em seu livro *Love and Profit* [Amor e Lucro]: "Nós, administradores, temos a oportunidade de dirigir as pessoas nesse vigoroso empreendimento comum e, ao mesmo tempo, de criar uma atmosfera de amizade, envolvimento pessoal e proximidade".

E acrescenta: "Que tal este novo *slogan* para a administração: 'SE VOCÊ NÃO ESTÁ FORMANDO UMA COMUNIDADE, NÃO ESTÁ ADMINISTRANDO'?"

DELICADEZA NÃO BASTA

Doug Greene, fundador e executivo-chefe da New Hope Communications, declarou ao pessoal de sua companhia que, ali, as três regras eram as seguintes: "Seja delicado, seja delicado, seja delicado". Mas, depois, notou que as pessoas começavam a mostrar-se um pouco desonestas para parecer delicadas. Por isso, mudou para: "Seja delicado, seja honesto, seja delicado". E, finalmente, para: "Seja delicado, seja honesto, divirta-se".

berem que contam com esse tipo de apoio as pessoas assumirão riscos com mais boa vontade. Todos passamos por experiência semelhante com um parente, um professor ou um mentor no trabalho. A função do líder é nos esticar, levar-nos além do limite, levar-nos mais longe do que achamos que podemos ir.

Quanto mais compreendermos que as *pessoas* são nossa maior vantagem competitiva, mais reconheceremos nosso dever de ajudá-las a progredir. Mas não faremos isso em larga escala, e sim em pequenos grupos. Você pode ter 1 ou 2 mil grupos, porém cada um será formado de seis a dez elementos. A equipe se torna o foco dos cuidados: E se conseguir entrosá-la, fazendo com que seus membros se preocupem uns com os outros, você terá retomado a escala da família. Então, as pessoas se sentirão menos vulneráveis ao medo e à ansiedade, e mais livres para exercer sua criatividade."

O novo ambiente de informação, segundo Jan Carlzon, do SAS, exige um novo estilo administrativo. "O líder empresarial do futuro será mais parecido com um pai ou uma mãe de família ou um treinador de um time. Precisará criar uma atmosfera em que as pessoas sintam que ele as respeita, confia nelas e até as ama. Ele terá de administrar com amor.

Se fizer isso, ajudará os funcionários a dar tudo de si, a assumir riscos, a usar a intuição para tomar decisões. E eles corresponderão porque sabem que mesmo se, às vezes, falharem, serão aceitos e terão nova oportunidade.

Se, entretanto, o empresário administrar usando o medo, os funcionários irão se encolher e produzirão menos do que podem. Isso não dará nenhum lucro ou competitividade à sua empresa."

As preocupações distraem as pessoas do trabalho. E esse tipo de angústia é um dos assassinos da criatividade. O antídoto: um ambiente descontraído. A idéia de uma atmosfera relaxante em sua empresa ocorreu naturalmente a Yvon Chouinard, presidente da Patagonia.

"Eu disse a mim mesmo que seria um empresário que não iria precisar trabalhar das 9 às 5. Se as ondas estivessem boas, sairia a qualquer hora e iria surfar.

Na empresa, precisamos de um clima em que as pessoas se sintam bem. Então, elas se abrem, propõem idéias malucas e ninguém ri. Ou ri, mas elas não ligam a mínima.

Não se pode separar criatividade de aceitação de riscos. Penso que as melhores idéias são tão desafiadoras, tão adiante de seu tempo, que todos sentem vontade de rir delas. Por isso, as pessoas têm que se sentir suficientemente confiantes para expressá-las de qualquer maneira, sem receio de que ninguém as aprecie."

Na Patagonia, uma das maneiras de fazer os funcionários se sentirem tranqüilos foi a instalação de uma creche no local. "A mãe pode entregar o filho às 7h 45, ir trabalhar e voltar para almoçar com a criança", explica Chouinard. "Ou visitar a creche o dia inteiro. Temos até o caso de mães que deixam os filhos brincando por algum tempo ao lado da escrivaninha."

Não será isso uma interrupção? Pelo contrário, garante Chouinard: "Os pais se sentem à vontade, sem precisar se preocupar com os filhos o dia todo. Podem, assim, concentrar-se inteiramente no trabalho. Livres de inquietações, as pessoas são mil vezes compensadas pela maior produtividade."

O objetivo é simples: "Quanto mais as pessoas se sentem em casa, integrando um grupo cujos membros se estimam, mais se concentram no rumo determinado pela companhia", acredita Chouinard. "Tudo se torna um movimento, não um negócio, o que acaba sendo extremamente produtivo."

UM BALANÇO DIFERENTE

IMAGINEMOS UM AMBIENTE em que o processo de trabalho importa tanto quanto o produto. Numa empresa assim, não se insiste meramente nos resultados: o modo de avançar é tão importante quanto o ponto de chegada. Essa mudança de perspectiva transforma o próprio significado do trabalho e, com semelhante orientação, as pessoas evoluem como parte de sua função.

Há um abismo crescente entre o que muitas empresas consideram como seus propósitos e aquilo que um número cada vez maior de pessoas está exigindo em seu trabalho. Quanto maior o abismo, mais distanciadas as pessoas se sentem do emprego. E, quanto mais distanciadas se sentem, menos energia criativa liberam.

O resultado desastroso é que inúmeras empresas estão confiando numa combinação de incentivos econômicos (a cenoura) e medo (o talo) para estimular seus empregados. Entretanto, essa combinação particular de motivos tem efeito deletério sobre a criatividade. A criatividade pessoal flui quando o trabalho é feito por puro prazer, e não em virtude de pressões externas.

A Criatividade no Trabalho

Enfrente a VDJ!

MUITAS VEZES **nos sentimos manietados pela ansiedade e a insegurança**. Nesses momentos, nossas mentes estão tão paralisadas pela tagarelice negativista que não conseguimos fazer o que queremos. Quando as coisas forem realmente de mal a pior, tente esta técnica de concentração. Não vai lhe exigir mais que um ou dois minutos.

☙ Sente-se confortavelmente, com as costas retas, olhos fechados e respiração normal. Comece a sentir a pele do corpo todo. Note como ela recobre cada parte de seu corpo, cada contorno, cada músculo.

Imagine, agora, que não exista nada dentro dessa pele: ela é apenas uma membrana delgada cobrindo um espaço vazio. Durante alguns instantes, experimente a sensação de abertura e vazio dentro de você. Prossiga assim por mais um ou dois minutos.

Após diversas repetições, essa técnica do "corpo vazio" se torna um meio prático de escapar das garras da VDJ. ☙

Se esse exercício é muito passivo para seu gosto, ou se você não consegue ficar parado, tente algo mais vigoroso. As pesquisas mostram que a ginástica aeróbica —, que acelera os batimentos cardíacos e o ritmo respiratório, aumentando assim os níveis de oxigênio na corrente sanguínea —, é útil para combater a depressão associada aos sentimentos de baixa auto-estima. Muitas pessoas acham que a

Muitos trabalhadores já não procuram empregos que sejam mera fonte de dinheiro, de posição e poder, mas que, além de assegurar uma vida decente, proporcionem um senso de significação e uma plataforma para a criatividade individual. O produto final, como objetivo único, não satisfaz a nenhum desses desejos. Se a empresa não consegue reconhecer isso, terá dificuldade em admitir e conservar os melhores profissionais.

Um dos modos de sanar essa falha e satisfazer ao mesmo tempo a empresa e o trabalhador é investir no desenvolvimento dos recursos interiores dos funcionários. Essa solução foi adotada por alguns empresários de visão que redefiniram os objetivos de suas companhias, indo além da simples busca de lucros, para transformar o ambiente de trabalho num cenário em que seu pessoal pudesse evoluir. Isso não quer dizer, é claro, que uma companhia não deva ser lucrativa, mas que precisa apenas ampliar seu enfoque e deixar de preocupar-se unicamente com o balanço à custa da qualidade do trabalho em si.

Anita Roddick expressa-se assim: "Não quero que o nosso sucesso seja medido unicamente por padrões financeiros, distribuição ou número de lojas. Quero ser apreciada — e isso é difícil no mundo dos negócios — pelo bem proporcionado aos nossos funcionários e à comunidade. É uma forma diferente de balanço".

Segundo Anita, um dos modelos empresariais mais promissores já é antigo. "Vejam o que os quacres faziam: não estabeleciam uma distância intransponível entre administradores e empregados. Cuidavam deles, dando-lhes casas e até construindo cidades. Eram gente honesta e não tiravam do negócio mais do que aplicavam nele. Auferiam lucros, sem dúvida; mas não mentiam e valorizavam o trabalho. Eis aí um sistema a que deveríamos voltar. Hoje, encaramos a educação do trabalhador como uma despesa, e não como um investimento.

Mas, além de atender às necessidades dos trabalhadores, a empresa tem de considerar seus vínculos com a comunidade. Não basta ser um vizinho rico que oferece empregos: é preciso juntar-se a outros vizinhos para ser um empreendimento realmente bem-sucedido na comunidade. Isso significa que você deverá fazer mais que proporcionar espaço para as pessoas trabalharem de segunda a sexta-feira. Deverá torná-lo um ambiente que melhore a vida delas — suas comunicações, seus casamentos, sua vida familiar."

Roddick acha que essa abordagem vai prevalecer. Motivo: "Nas empresas, as pessoas estão dizendo: 'Quero trabalhar para uma firma que me valorize e não se preocupe apenas com o balanço. Quero trabalhar para uma firma que aprimore o espírito humano, crie amizades, me dê uma sensação de que estou vivo'. Ora, isso é o que todos queremos: estar vivos no ambiente de trabalho!"

corrida, o ciclismo e a natação não apenas aliviam o *stress* como liberam suas mentes de julgamentos inoportunos.

Outra maneira de enfrentar a VDJ é colocá-la em perspectiva. Você pode conseguir isso metendo-a a ridículo. O seguinte exercício sem dúvida ajudará.

☙ Feche os olhos e imagine-se vendo e ouvindo uma afirmação que você costuma fazer a respeito de si próprio, como: "Eu nunca tenho uma idéia original".

Com esse pensamento em mente, comece a ampliá-lo e a exagerá-lo. Torne-o mais e mais gritante. Faça-o brilhar como uma lâmpada pisca-pisca.

Continue a tornar a afirmação maior, mais eloqüente e elaborada — utilizando raios *laser*, fogos de artifício, orquestras sinfônicas completas, coros de desaprovação. Deixe que o ridículo dessa cena o envolva.

Agora, abra os olhos. ☙

Certas pessoas, após esse exercício, conscientizam-se imediatamente de quão débil é a sua VDJ quando elas próprias não lhe dão apoio. Nós mesmos lhe transmitimos energia, luz e poder.

Uma palavra sobre o julgamento alheio. Um dos rivais de Babe Ruth, o astro do beisebol, disse que ele cometia um grande erro deixando de arremessar para rebater. E, em 1945, Vannevar Bush, conselheiro do presidente dos Estados Unidos, advertia: "A bomba atômica jamais funcionará; digo-o como um especialista em explosivos".

VER PÁGINA 133

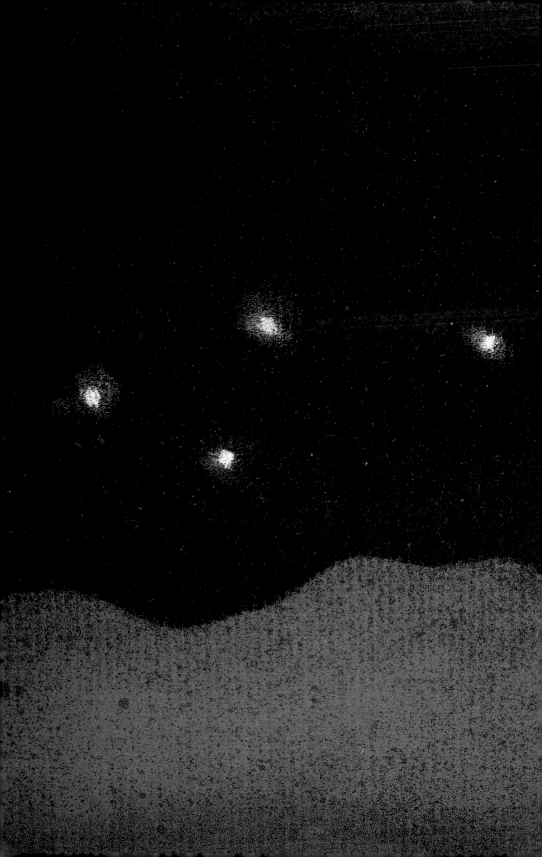

CAPÍTULO 4

CRIAÇÃO DA COMUNIDADE

> "*Era o melhor dos tempos, era o pior dos tempos. Era a época da sabedoria, era a época da estupidez. Era a época da fé, era a época da incredulidade. Era a estação da luz. Era a estação das trevas. Era a primavera da esperança. Era o inverno do desespero. Tudo estava diante de nós. Nada estava diante de nós. Caminhávamos todos direto para o Paraíso. Todos íamos direto para o rumo inverso.*"
>
> — Charles Dickens,
> *Conto de Duas Cidades*

Madre Teresa com James Parks Morton, da catedral do Divino São João.

DICKENS escreveu sobre a época da Revolução Francesa, mas suas palavras ainda chegam até nós. Nós também hesitamos entre a esperança e o desespero, entre a luz e as trevas. O choque global da diversidade étnica e religiosa força-nos a pensar mais criativamente sobre a futura ordem política. A crise ecológica exige que cada um examine como os nossos cômodos hábitos diários afetam a saúde e a sobrevivência dos demais seres do planeta. Subnutrição, doença, dependência de drogas, falta de moradia estão tão disseminadas que ninguém escapa a seus efeitos ou tem o direito de ignorar suas causas.

No entanto, vivemos também a primavera da esperança porque temos criatividade para solucionar esses problemas, por mais complicados que sejam. O mundo se parece muito com o tapete descrito no primeiro capítulo. Podemos virá-lo para perceber os fios que ligam um problema a outro. Eis o que estes tempos revolucionários esperam de nós: descobrir as verdadeiras relações entre as coisas para vencer nossos desafios. O presente capítulo trata de pessoas que procuram aliviar os sofrimentos de seus semelhantes. Para tanto, estão transformando antigas instituições e criando outras novas, capazes de encarar com imaginação problemas complexos e interligados.

Martin Luther King disse: "Todo homem deve escolher entre caminhar na luz do altruísmo criativo ou nas trevas do egoísmo destrutivo. Essa é a opção. A pergunta mais urgente e persistente da vida é: 'O que você faz pelos outros?'".

O altruísmo brota do instinto de ajudar o próximo, que é uma disposição contrária ao "Estou fazendo o meu trabalho e danem-se os outros". Embora os sentimentos altruístas sejam nobres, permanecerão meras virtudes celestiais se não forem transformados em ação prática. O altruísmo precisa aliar-se à nossa capacidade criativa de resolver problemas.

Criação da Comunidade

> "Se eu não estiver a meu favor, quem estará? Se eu não estiver a favor dos outros, que sou eu? E se eu não estou agora, quando estarei?"
> – Rabi Hillel, século XII

O Institute for Noetic Sciences de Sausalito, Califórnia, premia anualmente as pessoas que prestam serviços desinteressados e cujo trabalho oferece soluções inovadoras para problemas humanos prementes. Entre os laureados com esse prêmio, temos:

• **Celeste Tate**, fundadora do Gleaners, um banco de alimentos que coleta gêneros alimentícios em mercearias e os distribui a supermercados especiais, onde as pessoas os compram por apenas dois dólares ou trocam por trabalho uma cesta básica. Hoje, o Gleaners sustenta vinte mil pessoas mensalmente.

• **Janet Marchese**, mãe adotiva de uma criança com síndrome de Down, que apresentava pais de crianças nessas condições a casais que desejavam adotá-las. Sua Rede de Adoção da Síndrome de Down encaminhou mais de 1.500 crianças, e mantém uma lista de espera de casais que desejam adotar.

• **Falaka e David Fatah**, um casal que impediu o filho de aderir a uma *gang* de rua convidando a própria *gang* para morar em sua casa. Hoje a Casa de Umoja, em Filadélfia, ocupa um conjunto de 24 casas restauradas e já deu abrigo e orientação a mais de dois mil jovens condenados em juízo.

> "Há três coisas: fé, esperança e amor. Mas a maior de todas é o amor."
> – I Coríntios, 13:13

Winston Franklin, vice-presidente executivo do Institute for Noetic Sciences, explica que essas são "pessoas comuns que, ante os problemas de seu bairro ou cidade, resolveram fazer algo a respeito. Em todos os casos, seu único gênio foi a bondade, que parece brotar de um lugar profundo dentro de cada uma delas".

Uma Interdependência Natural

CIENTISTA DE SISTEMAS George Land também acredita que a capacidade de gerar soluções radicalmente novas brota de um lugar profundo: a natureza. Segundo ele, a civilização humana caminha para uma fase distinta de organização social. Após anos de observações cuidadosas sobre a afinidade entre mudança natural e invenção cultural, concluiu que a chave do futuro já é visível na natureza.

Pela teoria de Land, a criatividade — quer ocorra ao longo de milhões de anos, nas plantas e nos animais, quer se manifeste em questão de minutos quando um homem resolve um problema — segue o mesmo padrão básico. O paralelismo entre natureza e cultura revela-se em três fases distintas de organização que todos os sistemas vivos percorrem. Na primeira fase, depois de examinar todos os tipos de opção, o sistema essencialmente inventa-se a si próprio. Na segunda, o sistema estabelece um esquema formal baseado naquilo que de momento funciona melhor. Na terceira, o sistema vivo tem de romper as barreiras desse esquema estabelecido a fim de absorver o que é novo e continuar a crescer.

Essas fases são visíveis no desenvolvimento humano. A primeira lembra os primeiros anos de vida, até a idade de 5 anos. A criança faz explorações a todo momento, quase sem inibição. Tentando aprender a andar, cai inúmeras vezes, levanta-se e insiste. Para aprender a falar, arrisca qualquer combinação de palavras. E perto dos 5 anos já sabe quem é.

Quando as crianças atingem a idade escolar, a sociedade as programa cuidadosamente para a segunda fase. Agora se preocupam menos com a inventividade e esforçam-se para elaborar um esquema estável em harmonia com os costumes e práticas da sociedade.

Se bem-sucedido, o esquema estabelecido na segunda fase pode durar até a idade adulta avançada. Mas, então, já teremos esgotado o esquema. Atingimos um ponto em que nada mais parece certo. Talvez possamos chamar a isso uma "crise da meia-idade". Independentemente do rótulo, sabemos na parte mais profunda de nosso ser que, para sobreviver, precisamos experimentar, tomar novos rumos. Land observa: "Somos então instados a fugir desse esquema básico e redescobrir dentro de nós aquela criança de 5 anos. Temos a oportunidade de esculpir conscientemente nossas vidas de um modo que nos permita exercer o leque total de criatividade que se acha disponível para todos nós".

Criação da Comunidade

A BALADA DE OAK CREEK CANYON

GEORGE LAND descobriu um lugar onde acha que estão visíveis os traços das três fases da mudança criativa. Ele considera o Oak Creek Canyon, perto de Sedona, Arizona, uma espécie de manual vivo, cujas páginas revelam os poderosos impulsos criativos que habitam a natureza e todos nós.

"O que aconteceu aqui em Sedona, há cerca de 5 milhões de anos", explica Land, "foi que a crosta da terra se abriu e este *canyon* de mais de 200 metros de profundidade expôs as camadas superpostas da rocha. Rasgou também o caminho para as profundas fontes que brotam nessas montanhas. Nas camadas de rocha, podemos acompanhar a marcha do processo criativo ao longo das eras.

Primeiro, o que era rocha dura começou a pulverizar-se até transformar-se em solo, em que algumas plantas puderam agarrar-se e crescer. Depois, como sempre ocorre nas fases iniciais, diversas espécies de grama, arbustos e árvores apareceram no *canyon*." À semelhança da fase empreendedora de uma organização ou nova comunidade, esse é um período de abertura para inúmeras alternativas. Entretanto, como algumas delas se revelam mais proveitosas que outras, as opções diminuem.

Ramo de espinheiro.

No caso do *canyon*, entre as muitas variedades que migraram para lá, o algarobo, a manzanita e o juníparo prosperaram e criaram seu próprio esquema. Em suma, colonizaram o *canyon*, reproduzindo-se e expulsando tudo o mais.

"Após um longo período de tempo", explica Land, "as árvores começaram literalmente a matar umas às outras. Eram tão bem-sucedidas que gastavam os nutrientes do solo, excluíam-se umas às outras e, finalmente, se extinguiram. Mas elas haviam preparado o caminho. Seu fracasso foi o seu sucesso. Criaram um novo tipo de ambiente, um novo tipo de solo que enriqueceram com sua plenitude e sua morte. E quando morreram, suas folhas se transformaram em adubo."

Na terceira fase do *canyon*, o velho esquema despertou para uma vida nova. Chegaram espécies incontáveis e criaram uma ecologia interdependente no local, deixando espaços para novas variedades de vida. Para Land, o paralelo com a evolução da organização humana é claro. Estamos iniciando a terceira fase da vida comunitária; e precisamos descobrir um meio de integrar os diversos povos e culturas do mundo numa totalidade nova.

✺
SALVAMENTO DE UMA FLORESTA TROPICAL

EM APOIO à teoria de Land, novas formas de colaboração, baseadas no reconhecimento da interdependência, estão sendo espontaneamente inventadas por pessoas do mundo inteiro. Os esforços visionários de um grupo de escolares suecos são exemplo disso.

Tudo começou, há alguns anos, com as crianças da classe de Ena Kern, numa pequena escola do interior da Suécia. Os alunos haviam lido que a destruição das florestas tropicais no Hemisfério Sul estava dizimando animais de pequeno porte. Dado que muitos possuíam bichinhos de estimação, como cães ou coelhos, foi fácil para eles compreender o problema. "As crianças também se sentiam frustradas", lembra Kern, "por acharem que jamais veriam uma floresta tropical, já que todas teriam desaparecido quando se tornassem adultas."

NOTÍCIAS DO
PASSADO CRIATIVO

Esta história se passa na Grécia do século V a.C. Uma anedota científica com um toque de interesse humano. Demócrito, o grande pensador e primeira pessoa a conceber a estrutura atômica do universo, estava causando preocupações. Há dias ficava sentado o dia inteiro na praça pública, aparentemente perdido em seus pensamentos. Alarmados, os cidadãos chamaram Hipócrates, o médico local. Bem, conta-se que Hipócrates examinou Demócrito e a preocupação cessou. Acontece apenas que Demócrito estava estimulando sua criatividade vivendo no interior da mente. Só uma meditaçãozinha. Aparentemente, quando mergulhamos em nossos pensamentos, descobrimos nossas melhores idéias.

Observação Precisa

A OBSERVAÇÃO PRECISA é outra ferramenta que poderá ajudá-lo a usar sua criatividade. Ela acontece quando prestamos atenção a coisas em que nunca reparamos antes ou que nos pareciam naturais — e é imprescindível para a solução de problemas complicados e difíceis. Você estará observando com precisão quando contemplar as coisas com um deleite que parece iluminá-las, dando a cada detalhe e aspecto uma surpreendente claridade e presença. O comum se torna estranho e excitante, como sucede quando você contempla um lugar pela primeira vez. No nível mais elevado, a observação precisa é semelhante ao "momento branco" descrito na página 40. A visão dessa claridade faz com que o Eu autoconsciente, sempre presente na percepção, desapareça. Como no caso do calígrafo Zen, há apenas o "fazer".

Heurística: Fique Acordado

COM FREQÜÊNCIA, passamos os dias no "piloto automático". Até certo ponto, gostamos que as pessoas e situações sejam previsíveis; apreciamos o habitual e detestamos surpresas. Mas a rotina tem seu reverso: podemos facilmente nos apegar ao nosso modo de ver, e as expectativas de como devam ser as coisas substituem a visão.

Isso vai desde a cegueira para a nova cor ou corte de cabelo da companheira até a ignorância das novas tendências do gosto do consumidor, que pode afetar drasticamente os negócios.

Eis algumas idéias para aguçar a percepção.

② Todos os dias, faça algo diferente da rotina. Por exemplo, dormir em novo horário, tomar outro caminho para o trabalho ou a escola, ou comer uma coisa que jamais pensou em comer. Se se sentir mais arrojado, inicie uma conversa com uma pessoa particularmente difícil (talvez alguém que você não suporte) e trate-a de modo inteiramente diferente. Quanto mais chata for a pessoa ou mais rígida a rotina, mais probabilidades você terá de abolir a maneira habitual de ver as coisas. O segredo é não pensar no modo de modificar as coisas nem perguntar: "Qual a melhor maneira de modificá-las?", mas modificá-las pura e simplesmente.

Aquilo que vemos todos os dias se torna comum para nós. Pessoas, objetos, paisagens, sons e odores como que desaparecem da percepção. Perdem seu caráter distintivo. Um modo de evitar isso é elaborar um novo esquema, uma nova maneira de contemplar o corriqueiro.

② Comece com algo simples como a água. A idéia é observar quantas vezes por dia entramos em contato com ela e sob quantas formas diferentes ela aparece em nossa vida: da chuveirada quente ou das delica-

Então, um garoto da classe fez uma simples, mas audaciosa sugestão: por que não tentamos salvar a floresta tropical comprando-a?

"Todas as crianças acharam excelente a idéia de juntar dinheiro para comprar uma floresta", diz Kern. "Eu, porém, não sabia o que fazer. Como se compra uma floresta? Por acaso, conheci uma professora americana que fizera pesquisas numa região chamada Monte Verde, na Costa Rica. Ela contou-me que havia ali o projeto de levantar fundos para adquirir e preservar as florestas tropicais. Visitou meus alunos e mostrou-lhes fotografias de uma floresta que eles poderiam comprar. Ficaram tão excitados que gritaram: 'Vamos começar a juntar dinheiro para comprar o máximo que pudermos'. Eu poderia ter dito que era impossível, mas não disse."

Assim, as crianças se puseram a levantar fundos. Organizaram feiras rurais com atrações, como corridas de cavalos, corridas de cães, competições de saltos. E compuseram uma canção sobre as florestas tropicais, que cantavam em público:

Bela floresta tropical,
Por que tens de morrer?
Todas as espécies precisam de ti.
Temos de evitar isso,
Não podes ser devastada!
Todos precisamos de ti.

A propósito das crianças que conceberam o projeto, lembra Kern: "Num primeiro momento, disseram que só poderíamos comprar um pedacinho; mas, se falássemos com as pessoas, elas nos ajudariam e o pedaço seria maior. Se muitas pessoas ajudassem, o trabalho valeria a pena. Caso crianças do mundo inteiro coletassem dinheiro para as florestas tropicais, venceríamos, e muitas florestas seriam preservadas — não apenas aquele pedacinho. *Essa foi a visão das crianças*".

Não tardou para que escolares em toda a Suécia ouvissem falar do projeto, e milhares deles aderiram ao esforço — e à canção. Até o rei da Suécia visitou a escola e prometeu apoio.

"Quando você tiver um problema", recomenda Kern, "consulte as crianças e tente pôr em prática o que elas sugerirem. Isso poderá mudar o mundo."

O Alívio do Sofrimento

"AVANCE": UMA FORMA DE REACENDER A ESPERANÇA

CRIATIVIDADE vem de dentro da pessoa. Se ela não tiver confiança e esperança, o ato de criar um filho pode tornar-se difícil, até mesmo intolerável. Essa era a situação na comunidade hispânica de San Antonio até que uma mulher percebeu o problema e a solução.

Tudo começou quando Gloria Rodríguez, doutora em educação, fazia pesquisas para sua tese de mestrado. Lecionava para um grupo de alunos da primeira série primária que apresentavam problemas na escola. "Na idade de 6 anos, já estavam destinados ao fracasso porque chegavam inteiramente despreparados", diz Rodríguez a respeito das crianças. "Compreendi que elas continuariam com problemas, a menos que seus pais recebessem o apoio e os meios de que necessitavam para preparar os filhos para a escola."

Sua solução engenhosa era formar uma classe onde as mães aprendessem os elementos básicos sobre a criação de filhos. Assim, o *Avance* — literalmente "avance" ou, neste caso, "aperfeiçoe-se" — nasceu em San Antonio, Texas. Gloria Rodríguez lembra que a idéia lhe ocorreu "como uma lâmpada que se acende". Sua clássica centelha intuitiva foi a constatação de que *não se é mãe automaticamente* — de que é preciso aprender as habilidades, seguir modelos adequados, ter orientação e amparo.

Quando a d[ra] Rodríguez conversou com os pais das crianças, descobriu que todos amavam seus filhos, queriam o melhor para eles, e davam valor à educação. Mas descobriu também que as crianças não estavam preparadas para o sucesso acadêmico dentro do sistema escolar tradicional. E, mais perturbador ainda, praticamente todos os pais confessaram que, a seu ver, os filhos abandonariam os estudos na sétima ou oitava série, como eles próprios haviam feito.

das gotículas de orvalho na vidraça aos cubos de gelo tilintando no copo.

Essa técnica de isolar as coisas de seu contexto habitual e criar para elas um novo esquema é uma das maneiras de transformar o conhecido em estranho.

Outra forma de observação precisa é absorver novos tipos de informação. Prestar atenção ao comportamento não-verbal de uma pessoa — seus gestos, linguagem corporal, postura, tom de voz — amplia o raio da percepção. Com isso, ouvimos não apenas as palavras, mas também a "música". Esse tipo de observação é praticado por terapeutas, médicos e detetives em diversas situações nas quais informações importantes podem ser escamoteadas intencionalmente ou não. A d[ra] Alexa Canady, a neurocirurgiã apresentada no Capítulo 1, reconhece que sua criatividade consiste em ouvir o que os pacientes realmente dizem — não aceitando simplesmente, como ponto pacífico, o que parecem dizer.

A "audição ponderada" é outra maneira de você se assegurar de que não está desprezando informações úteis. Às vezes mergulhamos em nossos próprios pensamentos enquanto uma pessoa conversa conosco. "Desligamo-nos" para preparar mentalmente a próxima resposta.

Uma forma de combater essa tendência bastante natural é impor-se a tarefa de refletir a conversa do interlocutor. Deixe que ele conheça suas impressões sobre o que está tentando co-

municar a você. A finalidade é devolver-lhe, como uma imagem especular, todos os detalhes sem interpretá-los ou julgá-los. É surpreendente como esse simples esforço de informar para ser informado aumenta a nossa compreensão do que realmente está sendo dito.

VER PÁGINA 147

O problema, conforme a d.ra Rodríguez constatou, era que as escolas freqüentemente presumem que todos os pais sabem preparar os filhos para os primeiros anos de educação. Entretanto, a maioria deles ignorava os aspectos fundamentais de como uma criança cresce e se desenvolve. Alguns sequer tinham recebido os ensinamentos corretos na infância. Outros viviam isolados, sem mesmo conhecer o vizinho ao lado. Sob constante pressão, já não nutriam esperanças de mudar as coisas. Metade deles apresentava sintomas de depressão.

A d.ra Rodríguez assinala que as ondas de imigrantes europeus que chegaram à América neste século encontraram instalações bem-organizadas, onde aprendiam a língua do novo país, recebiam casas e empregos, eram instruídos sobre o funcionamento do sistema. "Infelizmente, para muitos de nós da população hispânica", lamenta ela, "não houve esse tipo de apoio e a esperança se transformou em desespero, a energia em depressão. Se você oferece recursos, mas não atinge o espírito magoado por meio do amor, do encorajamento, da informação positiva, os obstáculos da vida continuarão de pé. A autopercepção dessas pessoas é sua maior barreira."

O programa *Avance* pretende criar uma nova comunidade. As classes, nesse programa, oferecem às mães que viviam isoladas uma rede de amigos e ajuda. Os membros da equipe estão capacitados a dizer às outras mães: "Já fui como você e agora olhe para mim: consegui e você pode conseguir também".

Essa mensagem é mais que estimulante: tornou-se uma verdade para turmas e turmas de mulheres formadas no *Avance*. Muitas concluem o curso secundário e encontram bons empregos. Uma das lições mais importantes do programa, diz Rodríguez, é que "todos temos problemas. A maneira de enfrentá-los é que faz a diferença".

Uma experiência de impacto para muitas mães do *Avance* é enganadoramente simples: aulas de fabricação de brinquedos. Para algumas, tão pobres que seus filhos não têm brinquedos, só a oportunidade de fazê-los basta para atraí-las ao *Avance*. Uma delas explica: "O motivo que me trouxe aqui foi, em primeiro lugar, a fabricação de brinquedos. Eu queria brinquedos para o meu filho, mas não tinha dinheiro para comprá-los na loja. Quando comecei no programa, disse a mim mesma que não freqüentaria as aulas sobre criação de filhos. Mas, uma vez na classe, fiz amizades, e as lições eram cheias de informações sobre a criança, alimentação, tudo isso".

Os brinquedos destinam-se a acelerar o domínio de conceitos básicos, como forma e cor. Por exemplo, um dos mais simples consiste de peças brilhantemente coloridas: um quadrado, um triângulo e um círculo. Utilizando essas peças para construir outras, como uma casa de bonecas, as crianças começam a reconhecer as formas geométricas em seu ambiente. E, igualmente importante talvez, as mães aprendem a estimular a curiosidade dos filhos ao invés de bloqueá-la.

Outra lição fundamental para as mães é a compreensão daquilo que é normal e necessário em cada fase do desenvolvimento da criança. Elas percebem o que significa ser a primeira professora do filho.

As pequenas mudanças que as mães realizam no *Avance* podem inspirar outras bem mais significativas. Talvez o maior impacto tenha ocorrido em um dos conjuntos habitacionais onde moram muitas mães do *Avance*. "Havia ali mais de mil crianças", diz a d[ra] Rodríguez, "mas nada mudava no programa. Então as mulheres disseram: 'Esperem aí, isso não está certo. Não tem de ser assim'. Sentiram-se motivadas o suficiente para acreditar que poderiam modificar as coisas. Disseram às autoridades responsáveis: 'Se quiserem que nossos filhos digam não às drogas e à gravidez na adolescência, terão de oferecer-lhes alguma alternativa'. E conseguiram 100 mil dólares para a construção de um parque." Quando viciados em drogas passaram a rondar o local, as mães formaram um esquadrão de vigilância para proteger as casas.

Uma comunidade é constituída de pequenas coisas, como fabricar brinquedos ou acompanhar o aprendizado da criança. No presente caso, ela cresceu também graças à constatação de que os vizinhos, após freqüentarem o *Avance*, voltavam à escola e encontravam emprego. De repente, as pessoas começaram a acreditar em si mesmas e no que eram capazes de fazer.

Graças a uma rara combinação de amor e serviços práticos, o *Avance* constitui-se num catalisador que reduz os sentimentos negativos e faz aquelas mulheres progredirem na vida. Essa é a essência do altruísmo criativo.

ALTRUÍSMO CRIATIVO: DO NEPAL AO BRASIL

A CEGUEIRA é uma das muitas tragédias do Terceiro Mundo. Para famílias que vivem na linha da pobreza ou abaixo dela, o peso representado por um parente cego pode ser excessivo. Em diversos países pobres, ficar

Criação da Comunidade

"MÃE MIGRANTE": UMA FOTOGRAFIA AGITA A NAÇÃO

O altruísmo criativo muitas vezes é espontâneo. Um acontecimento inesperado, como o encontro simbiótico entre duas pessoas muito diferentes, pode acender a chama da criatividade. Vejamos o que ocorreu com a grande fotógrafa americana Dorothea Lange.

Em março de 1936, ela percorreu sozinha as estradas do país. Era pelo final do inverno, mas o tempo ainda estava inclemente. Chovia enquanto ela rumava para o norte, para casa. Sua câmera estava guardada.

De repente, com o canto do olho, avistou uma tabuleta: "Acampamento dos colhedores de ervilha". Alguma coisa a fez parar. "Segui o instinto, não a razão", lembrou ela mais tarde. "Enveredei por aquele acampamento úmido e sórdido, e estacionei o carro com a desenvoltura de um pombo-correio. Como que atraída por um ímã, aproximei-me de uma mãe faminta e desesperada. Não me lembro de como lhe expliquei minha presença e minha câmera, mas recordo que ela não fez perguntas."

Prossegue Lange: "Não perguntei seu nome nem sua história. Ela própria me disse que tinha 32 anos e que a família estava vivendo de legumes congelados colhidos nos campos vizinhos e de pássaros que as crianças abatiam. Acabara de vender os pneus de seu carro para comprar comida.

E lá estava ela, sentada na barraca oscilante, com os filhos esparramados à volta. Parecia saber que minhas fotografias poderiam ajudá-la. E ela também me ajudou. Houve compensação mútua".

Dorothea Lange não poderia adivinhar no momento, mas, durante aquela viagem, ela tirou uma das mais importantes fotografias americanas, "Mãe migrante". Estampada nos jornais de todo o país, a imagem abalou a consciência dos americanos. Tornou-se um verdadeiro símbolo para os responsáveis pelos programas sociais que, finalmente, aliviaram o sofrimento dos migrantes famintos e outras vítimas da Depressão.

cego equivale a uma sentença capital: o intervalo entre o episódio e a morte é de apenas três anos. Inacreditavelmente, mais de 90% desses casos poderiam ser evitados, mesmo com uma alimentação mais adequada para as crianças.

Muitos casos de cegueira também são curáveis. Uma operação de catarata, ao custo de 15 dólares, freqüentemente pode restaurar a visão. A maioria dos oftalmologistas, porém, se concentra nas grandes cidades, ao passo que boa parte dos cegos vive em aldeias espalhadas pelo interior.

No Nepal, país montanhoso, em que as pessoas costumam viajar a pé, esse problema era especialmente grave. O SEVA Foundation Blindness Project decidiu minorá-lo e mobilizou médicos especializados no Nepal e no mundo inteiro. Contudo, no início, parecia difícil levar os médicos até os cegos, isolados em aldeias remotas.

A solução foi criar "campos de olhos", equipes móveis de cirurgiões que viajassem pelo país. As cirurgias são muitas vezes realizadas em recintos improvisados, não raro utilizando carteiras escolares como mesas de operação. Mesmo assim funcionam. Alertadas pela publicidade, as famílias sabem que podem levar seus parentes cegos ao campo de olhos e pagar barato por uma intervenção que lhes restaurará, ali mesmo, a visão, embora o trajeto até o campo possa levar dias.

A ação social criativa depende muitas vezes de perceber as necessidades dos diferentes grupos para atender a elas. O Senior Outreach Program of the Cathedral of St. John the Divine é uma hábil solução para os problemas enfrentados por dois grupos de cidadãos idosos com preocupações específicas: pessoas saudáveis, mas aposentadas, que buscam um trabalho significativo, e doentes idosos que querem continuar vivendo em suas casas, e não em asilos.

Há gente dos dois tipos morando nas imediações da catedral. O Senior Outreach Program coloca os sexagenários que precisam e querem ser úteis em contato com os septuagenários e octogenários que lutam para conservar sua independência. A ajuda prestada é prática: receber os cheques do seguro social, mandar aviar receitas médicas, fazer compras na mercearia ou mesmo trocar uma lâmpada. Voluntários fazem visitas ou chamadas telefônicas diárias para saber se o ancião não sofreu uma queda ou outro acidente qualquer.

"Tudo faz parte da idéia de hospitalidade, que é o centro das preocupações no St. John the Divine", diz Paul Gorman, da catedral. "Estendemos essa hospitalidade ao direito que as pessoas idosas têm de permanecer em casa, à vontade, tanto quanto possível."

A colaboração criativa — a poderosa sinergia de vários grupos diferentes — vem sendo usada para eliminar um dos piores problemas sociais de nosso hemisfério. Na década de 1980, quase 7 milhões de crianças pobres viviam nas ruas das cidades brasileiras. Sem família, sem lar e sem escola, deslocavam-se em bandos turbulentos, tentando sobreviver do melhor modo que podiam. Pouco se fazia por essas crianças. Os educadores as consideravam egressas da escola, mas não sa-

Criação da Comunidade

biam como ajudá-las. As autoridades sanitárias viam-nas como um problema de responsabilidade da saúde pública, mas sentiam-se incapazes de prestar-lhes até os serviços básicos. Para os comerciantes, eram uma ameaça, pois com sua simples presença afugentavam os fregueses. As autoridades municipais voltavam as costas, e a polícia as olhava com suspeita.

O Synergos Institute, de Nova York, apresentou, porém, uma sugestão inédita. Reconhecendo que nenhum grupo isolado conseguiria aliviar o problema, promoveu uma parceria entre todos os que pudessem fazer algo pelas crianças. O resultado foi o projeto Roda Viva, colaboração que aumentou de vinte para quatrocentos grupos-membros em apenas um ano e meio. Os organizadores viam essa parceria como uma roda, cujos raios são os membros em mútua harmonia e ligados ao centro, que representa as crianças abandonadas.

A vida dessas crianças logo começou a melhorar. Abriram-se escolas noturnas, nas quais elas podiam dormir. Criaram-se clínicas médicas móveis. Advogados se ofereceram para protegê-las da prisão ilegal e das perseguições. Construíram-se instalações esportivas e envidaram-se esforços no sentido de obter emprego para as crianças mais velhas. O Roda Viva é mais que mera solução para um problema específico. Graças à sua ênfase na colaboração como uma forma de enfrentar problemas antigos, ele vem tornando-se rapidamente um modelo para outras parcerias comunitárias.

MAIS QUE OS NEGÓCIOS DE SEMPRE

ALGUMAS DE NOSSAS instituições mais bem-sucedidas economicamente também estão respondendo ao sofrimento humano no mundo inteiro. Anita Roddick, a empresária que conhecemos no Capítulo 1, acredita que os negócios sejam um veículo maravilhoso para o altruísmo "porque são muito pragmáticos. Nós buscamos resultados".

Sua companhia, a Body Shop, assumiu uma série de projetos de prestação de serviços: ajuda a órfãos com AIDS na Romênia, luta contra a destruição das florestas tropicais no Brasil, apoio aos deficientes físicos em comunidades onde a empresa tem lojas. A fim de incentivar os atos pessoais de compaixão, os funcionários da Body Shop dispõem de metade de um dia por semana para o serviço comunitário, utilizando o tempo da companhia. Eles podem escolher o tipo de serviço a prestar.

Logo depois que o regime comunista entrou em colapso na Romênia, o Ocidente teve notícias do vasto número de órfãos com AIDS relegados a instituições miseráveis e ao mal atendimento que elas oferecem no país. Roddick explica: "Eu estava trabalhando na Escócia quando vi, nas revistas, espantosas fotografias das crianças dos orfanatos romenos. Perguntei-me o que poderia fazer. Minha filha estava comigo e sugeriu a montagem de uma organização no trabalho. Achei ótima a idéia e, quando regressei, ouvi de dois ou três membros da equipe: podemos fazer alguma coisa pela Romênia?

Assim, organizamos um pequeno grupo para administrar o projeto e enviamos outro grupo, chamado 'os guardiães', para limpar e pintar inteiramente três orfanatos do norte da Moldávia que não haviam recebido nenhuma ajuda. Depois enviamos mais outro grupo, chamado 'o time do amor', para socorrer, amar e tratar aquelas crianças, muitas das quais jamais haviam sido beijadas ou acariciadas".

Isso pode parecer um gesto menor. Mas Roddick defende apaixonadamente esses esforços em escala humana. "Por que as pessoas vivem obcecadas com as coisas grandes?", desafia ela. "Que há de errado com essa nobre interação pessoal, essa ajuda a uma criança romena? Se disserem que não passa de uma gota no oceano, e daí? Sem a gota, não há a onda." E acrescenta: "Não estou interessada em modificar culturas e nações inteiras. Quero apenas ver maravilhosos exemplos de espírito humanitário em ação".

Um dos mais vigorosos dramas de serviço humanitário é representado, silenciosamente, a cada dia de trabalho numa fábrica das imediações de Quioto, Japão. As perspectivas de emprego para pessoas com graves deficiências físicas ou problemas mentais são usualmente restritas. Com freqüência, sua adequação ao trabalho é avaliada pelo padrão do que as pessoas normais podem fazer. Mas Kazuma Tateisi, fundador da Omron, grande empresa japonesa de alta tecnologia, abordou a questão com espírito mais humanitário e criativo. Tateisi inspirou-se num ramo da engenharia chamado teoria dos sistemas, que investiga como as partes podem funcionar juntas para criar um todo maior que sua soma. Mais especificamente, examinou o poder da engenharia cibernética de criar um vínculo entre a força humana e a força da máquina.

Sua idéia era que os deficientes são capazes de trabalhar com eficiência — até em complicadas linhas de montagem — se a força do que podem fazer for integrada à força de máquinas especialmente projetadas para aproveitar sua capacidade física. A filosofia é que toda pessoa pode fazer alguma coisa — mesmo que pequena. A fábrica da Omron projetou linhas de montagem inteiras, respeitando a altura

Linha de montagem japonesa projetada para acomodar deficientes em cadeiras de rodas.

de uma cadeira de rodas. Um homem que sofre de paralisia e só consegue usar uma das mãos vale-se de uma ferramenta desenhada para essa mão. Há uma máquina de fabricar embalagens operada por uma mulher tão incapacitada que só tem energia e mobilidade para inclinar-se ligeiramente para diante. Suavemente, ela empurra o papelão — e, com um impulso poderoso, a máquina completa a manufatura da caixa.

Num mundo interdependente, tudo — e *todos* — têm de ser úteis.

Criação da Comunidade

Comunhão do Sagrado Com o Profano

No Upper West Side de Nova York, sobre uma colina de onde se contempla o centro do Harlem, ergue-se a maior catedral gótica da América. Embora a construção da catedral de São João, o Divino, tenha se arrastado por mais de um século, ainda está inacabada, com as torres pela metade.

Mas, apesar de fisicamente incompleta, a catedral tornou-se o centro do renascimento de uma comunidade urbana cujas necessidades espirituais ela assiste. Um dos orientadores desse ministério comunitário urbano é James Parks Morton. Para explicar como e por que essa instituição tem hoje outro papel, Morton evoca a função da catedral nos tempos igualmente turbulentos da Idade Média. "A catedral medieval, de fins do século XII ao século XIV, representa um marco importantíssimo na história", explica ele. "Catedrais como Notre Dame, Chartres e a Abadia de Westminster foram construídas enquanto as primeiras grandes cidades européias estavam se formando. Desde a queda de Roma, implantou-se uma civilização descentralizada e aldeã na Europa Ocidental. As maiores cidades da época localizavam-se no Oriente e no Oriente Médio, não na Europa.

Com a abertura das rotas comerciais, as cidades começaram a crescer, o que prefigurou o fim do feudalismo e o início de uma nova era. Foi quando surgiram as catedrais. Elas espelhavam essa nova vitalidade.

Nasceram cidades e, com elas, catedrais. Nos primeiros anos da Igreja, suas dimensões eram bem modestas, pouco mais talvez que um teto sobre a cátedra do bispo. Mas, com o crescimento das cidades, veio a oportunidade de simbolizar esse novo fermento.

A catedral era um lugar em que toda a população da cidade podia reunir-se. Esses edifícios celebravam a unidade — tudo e todos, de alguma forma, ali se juntavam e se inspiravam. Governo e política, economia, ciência e filosofia, as obras da caridade e da arte e, finalmente, o rito, ali aconteciam.

Por isso, as catedrais são obras de arte gigantescas: representavam a arte de toda uma cidade, de toda uma época. Muitas das grandes instituições do mundo moderno são realmente filhas das catedrais. As primeiras escolas da Europa Ocidental eram escolas episcopais. E as catedrais também eram magníficas obras de engenharia, as maiores do tempo, refletindo os mais diversos tipos de experimentação."

Nova York, como outras metrópoles, está repleta de problemas. Morton acredita que a catedral deveria abrir suas portas para essa realidade. Por isso, boa parte do orçamento da catedral destina-se a programas de treinamento e motivação para jovens.

ෆ*
DIANTE DA PEDRA

MORTON APONTA com orgulho para o pátio de pedra, uma ampla área ao lado da catedral onde enormes pedaços de rocha calcária são laboriosamente cinzelados e transformados em blocos perfeitos e artísticas esculturas que integrarão a catedral. O pátio é palco de uma das experiências mais originais da catedral, destinadas a melhorar a vida da comunidade.

As torres da catedral de St. John the Divine só serão terminadas no próximo século.

Durante décadas, as obras da catedral ficaram paralisadas. A arte de cortar pedras estava morrendo. Não havia aprendizes da nova geração para serem treinados nessa técnica. Duas torres maciças e várias outras partes da catedral foram abandonadas em diferentes etapas de construção. Quando os curadores do edifício resolveram completá-lo, tomaram uma medida decisiva: reviveriam a arte de cortar pedras e teriam seu próprio canteiro como escola onde se ensinasse a técnica.

Em busca de aprendizes, a catedral voltou-se para as vizinhanças. Muitos dos que agora lavram o mármore vieram de famílias atormentadas pela miséria, envolvidas com drogas e álcool.

O pátio é hoje mundialmente famoso. Seus trabalhadores mantêm intercâmbio com colegas de outras partes do mundo. Cortadores da França, Rússia e Colômbia dividem sua maestria nesse recinto aninhado contra uma das enormes paredes da catedral.

Muitas pessoas que trabalham no pátio são formadas em um dos grandes programas da catedral, o Manhattan Valley Youth Outreach Program. Mais de 5

Criação da Comunidade

mil rapazes e moças das áreas pobres vizinhas freqüentam esse programa anualmente, nas modalidades de aconselhamento a usuários de drogas, gravidez na adolescência, treinamento profissional ou um dos vários outros serviços.

Vejamos o caso de Eddie Pizarro, hoje chefe-geral do pátio. "Eddie veio de uma família problemática do Harlem hispânico", conta Morton. "Mas, depois de muito suor e agonia, conseguiu passar de aprendiz a chefe."

"Basicamente, o que pretendemos aqui é tentar ajudar as pessoas a fazerem alguma coisa para si mesmas", esclarece Pizarro, a respeito de seu trabalho. "Posso dizer-lhe porque passei por tudo isso, lutei muito. E ver uma porção de jovens aperfeiçoando-se me enche de orgulho. Ensinando uma profissão, ajudo os garotos a construir uma vida."

Para os cerca de sessenta homens e mulheres que trabalham no pátio, construir uma vida não foi fácil. Muitos vieram de famílias e bairros onde o desemprego, a evasão escolar, a dependência de álcool e drogas, e a gravidez na adolescência são a regra, não a exceção. Arranjar um emprego qualquer é uma grande façanha, quanto mais dominar uma técnica!

Um artesão esculpe o rosto de Nelson Mandela.

"O que faço aqui", explica Pizarro, "é insuflar confiança neles. Muitos não sabem como são bons. O trabalho é pesado, e eles levam um ou dois meses para saber se realmente serão capazes de executá-lo. Mas, depois de você se tornar um artesão aqui, poderá trabalhar em qualquer parte do mundo."

Os cortadores de pedra da catedral não apenas reviveram uma arte desaparecida, mas ganharam também reputação de excelência. Sua assistência é procurada por restauradores empenhados em reconstruir fachadas de edifícios históricos e por engenheiros que desejam estruturas de pedra em suas construções.

Pizarro pode, legitimamente, orgulhar-se dos jovens que treinou. Um deles é Edgar Reyes, formado no Manhattan Valley Youth Outreach Program, hoje um dos chefes do pátio. "Quando Edgar começou, era o mais novo aqui", informa Pizarro. "Veio de um péssimo meio, tendo passado por várias adoções. Eu costumava levá-lo para minha casa e dizer-lhe: 'Escute, você tem de aprender tudo o que puder. Um dia será um profissional. Será alguém'. Hoje, Edgar é meu braço-direito."

Enquanto aprimoram suas habilidades, muitos aprendizes se vêem às voltas com hábitos entranhados e atitudes de autodefesa. Diz Pizarro: "Espero que eles aprendam não só sobre corte de pedras, mas também sobre a vida: como alcançar um objetivo. Isso é bastante difícil para alguns desses jovens porque, às vezes, nem sabem do que são capazes se tentarem. Resmungam: 'Não consigo fazer isso'. Cabe a mim extrair deles o que realmente podem fazer.

A mentalidade tem muito a ver com isso. Muita gente que vem das ruas acha que viver é apenas sobreviver. Ignoram que se pode fazer mais que ficar vivo.

Um aprendizado de quatro anos não é nada fácil. Muitas pessoas sequer conseguem manter um casamento por tanto tempo. Freqüentar a escola durante quatro anos e aprender um ofício é desgastante. A parte pior é saltar da cama e vir aqui enfrentar a pedra. Mas uma das maiores recompensas é perceber que a pedra que talhamos se encaixa perfeitamente na catedral e ouvir um passante exclamar: 'Puxa, vejam quanto esforço isso custou!'"

Pondera Reyes: "Uma catedral leva muito tempo para ser

SOBREVIDA PARA OS COPINHOS DE PLÁSTICO?

A várias dezenas de metros do altar central da Catedral de São João, o Divino, há uma exposição bastante profana: o protótipo de uma horta de cobertura. Projetado por Paul Mankiewcz e Bill Kinsinger, junto com o Instituto Gaia, da catedral, pode ser o modelo para o reverdescimento de Manhattan — ajudando a purificar o ar, refrescar a cidade e fornecer legumes frescos.

O protótipo apresenta uma solução inovadora, porém simples, para um problema técnico: como formar um solo suficientemente rico para alimentar a vida vegetal numa cobertura de prédio urbano e suficientemente leve para não afundar o teto. A idéia: um "solo" constituído em parte por partículas de poliestireno. A combinação de poliestireno com adubo orgânico forma um solo leve e fértil. Essa solução ajuda também a resolver outro problema ecológico: o que fazer com o poliestireno encontrado nos bilhões de copinhos de plástico que jogamos fora.

Criação da Comunidade 145

A ARTE DE UMA CIDADE EM CONFLITO

A catedral é também a sede de uma companhia de dança afro-americana. Para Abdel Salaam, diretor do grupo de dança "Forças da Natureza", suas apresentações ajudam a reforçar o entendimento nas áreas mais turbulentas da cidade.

"A arte tem sido um dos melhores meios de auxiliar os moradores de Nova York a resolver suas diferenças e de aproximar as comunidades", diz Salaam.

O repertório do grupo, que inclui tanto danças africanas quanto afro-americanas, traz ainda uma coreografia senegalesa intitulada "Wolo Sodon Jondon". É originária da tribo Jon, do Senegal, que constituía uma casta de serviçais nos tempos em que seu povo era vendido como escravo e transportado da África Ocidental para o Novo Mundo. "Vendo seus irmãos e irmãs arrancados da pátria e levados por sobre as grandes águas", diz Salaam, "perceberam que suas mãos e pés estavam acorrentados. Só podiam mover o corpo. Por isso, a dança começa com os bailarinos agitando apenas a cabeça e o torso em movimentos lentos e arrastados, pois não podiam fazer outra coisa. Na segunda parte, entretanto, as correntes se rompem, as pernas se afastam e os braços vão se erguendo mais e mais. Isso simboliza a libertação daquilo que mantém nossos jovens em servidão: má educação, casas miseráveis, doenças.

O rompimento das correntes é uma espécie de oração que fazemos pelos nossos jovens, pelos nossos velhos e para toda a comunidade de Nova York. E oramos para que, graças ao espírito criativo existente dentro de cada um de nós, possamos utilizar nossa visão e libertar-nos do conflito."

construída. Sei que não a verei terminada. Mas, felizmente, meu filho a verá. As pessoas a estão construindo para a sua própria comunidade. Posso dizer: 'Eu a construí'. Posso apontá-la a alguém e afirmar: 'Eis o que fiz'".

Apesar dessas impressionantes histórias de sucesso, muitas vezes perguntam a Morton por que uma catedral tão empenhada na ação comunitária prática está gastando dinheiro para completar as torres. Em resposta, ele conta um antigo apólogo budista sobre um mendigo que possuía duas moedas: com uma comprou pão, com a outra, uma flor exótica.

"Somos mais que estômagos", diz Morton. "Nosso espírito também precisa ser alimentado. A torre, que é uma coisa bonita, simboliza, de modo bastante real, a comunidade que a está construindo. E seus construtores podem declarar: 'Meu neto trabalhará nela'. E o neto dirá um dia: 'Meu avô trabalhou aqui'. É maravilhoso!"

UMA COMUNIDADE SIMBIÓTICA

NA CATEDRAL, há uma mescla fascinante de sagrado e profano. Morton acredita que esse também foi o caso na Idade Média. "Uma de minhas histórias prediletas", diz ele, "refere-se à grande catedral de Chartres, que foi construída na praça pública, bem em frente ao mercado. Muitas pessoas acham que foi um toque piedoso dos arquitetos da catedral o fato de o piso ir se elevando à medida que avança para o altar, como para levar ao céu. Bobagem. A catedral está diante do mercado e, quando chovia, tudo o que vinha de lá entrava — galinhas, porcos, tudo. Penso que o piso se eleva porque, depois, era preciso lavá-lo. Essa é uma de minhas imagens favoritas da fusão do sagrado e do profano. E é o que estamos tentando ressuscitar — a mistura natural deste lugar com a comunidade."

Para Morton, a própria diversidade da comunidade é a fonte de seu espírito criativo. As diferenças favorecem a *simbiose*, união benéfica de dois seres distintos. Esse é, ao mesmo tempo, um conceito científico e religioso. O altruísmo criativo brota da comunidade. A comunidade, quando está

Eu Sou Uma Câmera

Eis um exercício que você poderá praticar com um amigo. É divertido e proporcionar-lhe-á a experiência de olhar sem preconceitos.

⒠ Decida quem será a câmera e quem será o fotógrafo. Se você for a câmera, seu amigo, como fotógrafo, se postará à sua frente. Finja que seus olhos são a lente e seu ombro direito o disparador. Os olhos (as lentes) ficarão fechados até que o fotógrafo tire um instantâneo batendo-lhe no ombro direito (apertando o disparador). Nesse momento, seus olhos se abrem e fecham rapidamente, como o obturador da câmera.

A função do fotógrafo será guiá-lo de um lado para outro, guiando-o pelos ombros e posicionando-o, de modo que cenas diferentes fiquem na sua linha de visão. O fotógrafo, então, "bate uma fotografia", acionando o disparador (tocando-lhe o ombro direito); mas deve, é claro, tomar cuidado para não derrubar ou quebrar a câmera. Imagine que esse rolo de filme contenha de vinte a 24 exposições, por isso mantenha-se em movimento, disparando e avançando o filme.

Sua função, como câmera, será registrar cada detalhe com precisão e sem distorções. Certifique-se de que o fotógrafo sabe o que está fazendo. Quando o disparador é acionado, seus olhos se abrem por um bre-

Criação da Comunidade

ve instante — um segundo basta — e a imagem é gravada no filme (na memória). Tudo o que você tem a fazer é ver o que tem à frente *sem nenhuma noção preconcebida* com respeito a cada tomada.

Há para isso duas razões. A série rápida de impressões registradas propicia a experiência de olhar sem que a percepção seja contaminada pelas expectativas. A visão sem conceitos predeterminados é que importa. Muitos inventores, como Paul MacCready (ver página 31), diriam que reduzir os preconceitos quando se está em face de um problema é fundamental para o processo criativo.

VER PÁGINA 150

viva, é sempre uma obra em andamento, como a catedral. E, como a própria vida, ela está constantemente evoluindo, tropeçando, errando e avançando. Essa evolução é produto da criatividade e da compaixão.

Vivemos o melhor tempo, vivemos o pior tempo. Um tempo para repensar a natureza de nossa responsabilidade social e ampliar os limites de nossa dedicação. Atos de altruísmo criativo colocam-nos no centro do tecido da vida, conduzindo-nos a um relacionamento íntimo com os outros. Há esperança de que os povos do mundo se fortaleçam a partir dessa união inevitável e de que uma vigorosa cultura global surja da diversidade. Mas quais seriam as condições desse renascimento da criatividade humana?

Promoção de Um Renascimento Global de Criatividade

NO DECORRER DA HISTÓRIA, houve épocas e lugares em que as pessoas se mostraram particularmente engenhosas e criativas. Os estudiosos explicam que tais períodos apresentaram uma abundância de pontos de vista diferentes, tornando-se um meio receptivo às mudanças, e uma premente necessidade de solucionar problemas. Por exemplo, nos Estados Unidos, um simples fato histórico pode ter transformado a América num local especialmente permeável ao espírito criativo.

Segundo Howard Gardner, os obstáculos encontrados na fronteira americana exigiram respostas criativas: "Freqüentemente a engenhosidade era estimulada por um problema puramente prático na fronteira, na fazenda, na selva, onde não existiam precedentes, manuais ou gente experimentada capaz de dar orientação", esclarece Gardner. "As pessoas, jovens ou velhos, tinham de juntar as cabeças para encontrar uma solução."

As condições para um renascimento criativo foram examinadas por Dean Simonton numa pesquisa da Universidade da Califórnia. Ele concluiu que, ao longo da história, rivalidades acirradas entre pequenos Estados quase sempre excitaram a criatividade. A Antiga Grécia, pátria de alguns dos pensadores mais originais do mundo, era dividida em numerosas cidades-Estado, como Corinto, Atenas e Esparta. Do mesmo modo, a Itália renascentista vivia imersa na intriga política entre cidades-Estados rivais, como Florença e Veneza, cada qual um celeiro para sua própria forma de criatividade, de onde emergiram homens como Michelangelo, Rafael, Dante, Maquiavel e Leonardo. E foi na época em que a atual Alemanha não passava de um mosaico de pequenos principados que Mozart, Beethoven, Goethe, Hegel e Schiller ofereceram seu gênio ao mundo. Quando Bismarck unificou o país, no final do século XIX, a Idade do Ouro germânica se encerrou. Como disse Gladstone, "Ele tornou a Alemanha grande e os alemães pequenos".

Esses não são exemplos isolados: o mesmo padrão se repete na história. Tal a conclusão do ambicioso estudo de Simonton sobre o número de destacados

Perguntas "Espertas"

EM PERÍODOS DE GRANDES mudanças, as respostas não duram muito, mas uma pergunta vale bastante. A palavra inglesa *question* (pergunta) deriva do latim *quaerere* (procurar), sendo da mesma raiz de *quest* (procura). Uma vida criativa é uma procura constante, e boas perguntas são guias utilíssimos. Descobrimos que as melhores perguntas são as que deixam a resposta em aberto; permitem que uma resposta nova e imprevisível se revele por si mesma.

Referimo-nos às perguntas que as crianças não têm medo de fazer. A princípio, parecem ingênuas. Mas tentemos imaginar como seriam as nossas vidas se certas perguntas surpreendentes nunca tivessem sido feitas. Jim Collins, da Escola de Administração da Universidade de Stanford, compilou a seguinte lista de perguntas surpreendentes:

Albert Einstein: "Qual seria a aparência de uma onda luminosa se alguém a acompanhasse passo a passo?"

Bill Bowerman (inventor dos calçados Nike): "Que acontecerá se eu despejar borracha numa forma de bolo?"

Fred Smith (fundador do Federal Express): "Por que não pode haver um serviço postal de entrega rápida confiável?"

Godfrey Hounsfield (inventor do *scanner* CAT):

criadores, entre 500 a.C. e 1899 d.C., das notáveis civilizações da Europa, Índia, China e Islã. Ele descobriu que riqueza, vastidão geográfica, centralização política e bem-estar social parecem não ter nenhuma relação com criatividade. O único fator associado à efervescência criativa é a fragmentação política.

Em seguida, Simonton avaliou 127 períodos de vinte anos da história européia, de 700 a.C. a 1839 d.C. De novo, a fragmentação surge como o mais decisivo fator político de criatividade. A evolução criativa, até certo ponto, depende da exposição à diversidade cultural.

A mais recente Idade do Ouro na América teve seu auge após a Segunda Guerra Mundial. "Começamos, então, a ser altamente criativos em todos os domínios, a tornar-nos os líderes do mundo", diz Simonton. "Praticamente o mundo inteiro se voltava para nós em busca de liderança nos mais variados campos da ciência, artes e humanidades em geral." Uma das razões dessa explosão criativa, observa Simonton, foi a capacidade mostrada pela América de aproveitar a diversidade de seu próprio povo, fosse ele constituído por refugiados da Europa ou afro-americanos.

CIDADÃOS DO MONOLITO, REBELAI-VOS!

REALMENTE, UMA INFÂNCIA passada em meio a uma profusão de diferenças culturais e pontos de vista contrários constitui um tônico para o espírito criativo. Filósofos eminentes, por exemplo, cresceram numa época e lugar marcadas pela fragmentação política. O professor Simonton constatou que poucas vezes houve uma interrupção de vinte anos no florescimento da criatividade. Pequenos Estados rivais alimentavam uma atitude criativa em suas crianças, que vicejava quando atingiam a idade adulta — mesmo se a nação sofresse ampla unificação e mergulhasse no conformismo. "Aristóteles foi o educador de Alexandre, o Grande", lembra Simonton, "mas a pequenina Atenas, e não o vasto Império Macedônico, leva o crédito pela evolução intelectual do Filósofo." O desafio criativo àqueles que nascem num Estado monolítico: rebelai-vos! Muitos dos maiores filósofos esposaram um credo contrário às normas da época.

As empresas competitivas da atualidade não são diferentes das cidades-Estados rivais do passado. Como a história natural das corporações mostrou vezes sem conta, quando uma empresa obtém sucesso além da expectativa, transformando-se praticamente da noite para o dia num grande negócio, a centelha criativa passa a correr perigo, tal qual sucede nos Estados monolíticos. "As instituições gigantescas bloqueiam as mudanças", sustenta Jim Collins, da Universidade de Stanford. "Por que as economias ocidentais são muito mais inovadoras do que as do Bloco Oriental, antiquadas, centralizadas e maciças? Porque há mais espaço para a criatividade quando as coisas são menores do que num monolito econômico de enormes proporções."

Simonton vislumbra interessantes paralelos entre a criatividade individual e a criatividade coletiva. No nível individual, ela envolve o processo de absorção de idéias, de passagem por um estado de desequilíbrio, até que se alcance a estabilidade, uma nova síntese. O processo criativo exige a integração das partes num todo coerente. Mas, para permanecer criativa, a pessoa deve continuar assimilando novas informações e novas experiências.

O mesmo se aplica ao nível coletivo. Nos períodos mais criativos, houve tremenda infusão de diversidade: novas idéias e encontros interculturais. A sociedade precisa então reunir essa diversidade e complexidade de uma maneira harmoniosa. No melhor dos mundos possíveis, essa sociedade se torna criativa e entra numa Idade do Ouro na qual tenta acomodar a diversidade a um estilo ou visão única do mundo.

Para Simonton, a América ainda experimentará um novo surto de criatividade. Salienta a presença de grandes populações africanas e hispânicas, além da vigorosa infusão de imigrantes da Orla do Pacífico e do Sudeste da Ásia. Hoje essa diversidade existe em comunidades pequenas e espalhadas; mas, se acharmos meio de aplicar a força dessa pluralidade a uma visão unificada, a América, sustenta Simonton, poderá continuar sendo uma das nações mais criativas do mundo.

Na Europa, importantes grupos étnicos que foram dominados durante décadas por poderosos impérios agora estão

"Por que não podemos ver em três dimensões o que está dentro do corpo, sem abri-lo?"

Masaru Ibuka (presidente honorário da Sony): "Por que não removemos a função de gravação e o alto-falante, colocando fones de ouvido no gravador?" (Resultado: o *walkman* da Sony.)

Muitas dessas perguntas pareceram absurdas a princípio. As outras fábricas de calçados acharam a idéia de Bowerman "perfeitamente ridícula". Disseram a Hounsfield que o seu CAT era "impraticável". Masaru Ibuka agüentou comentários como: "Um gravador sem gravador nem alto-falante... Você ficou louco?" Fred Smith expôs sua idéia do Federal Express numa prova de Yale e levou um C.

✐ Eis um exercício simples para você desenvolver sua capacidade de fazer perguntas que possam motivar idéias novas e inesperadas. Diariamente, durante uma semana, reserve alguns minutos para fazer a si mesmo perguntas começando com "Será que..." Faça essa pergunta sobre uma determinada esfera de sua vida, como o ambiente de trabalho: "Será que daria certo dividir a companhia em doze unidades menores e autônomas?" É fundamental que você não se censure, por mais inviável e absurda que soe a pergunta.

Depois de adquirir alguma prática, tente divulgar suas perguntas apresentando-as a amigos ou colegas. Concentre-se naquilo em que está realmente interes-

Criação da Comunidade 151

sado e que tem importância para os outros. Ouça com atenção as respostas deles. Como na história da roupa nova do imperador, você talvez descubra que suas perguntas iluminam áreas escuras e idéias que merecem ser desafiadas.

usando sua liberdade recente para analisar o passado e perguntar: Qual a especificidade de um eslavo ou de um polonês? A homogeneidade artificialmente imposta à Europa Oriental e à União Soviética está desaparecendo, e em seu lugar vão surgindo centros nervosos de criatividade.

Além disso, graças à comunicação global, há mais possibilidades que nunca de uma cultura aprender com outra. Culturas fracas numa ou outra área de criatividade podem recorrer àquela que seja forte nessa área, como fez o Japão com tanto êxito ao adotar a tecnologia do Ocidente.

Enfim, um renascimento da criatividade dependerá das ações dos indivíduos. Um trabalhador sueco grava orgulhosamente o seu nome na parte da máquina que fabricou. Uma neurocirurgiã de Detroit pousa mansamente a mão na cabeça de seu pequeno paciente e busca novas pistas para uma cirurgia bem-sucedida. Uma criança italiana arregala os olhos para a estonteante beleza de um campo de papoulas e confessa que aquilo é "melhor que sorvete". Mas a última palavra sobre criatividade cabe a uma mulher que foi cega e muda.

Helen Keller conversava certa vez com uma amiga que acabara de voltar de um longo passeio pelo bosque. Quando lhe perguntou o que vira, a amiga respondeu: "Nada de especial".

"Perguntei-me como era possível", lembrava-se ela, "caminhar durante uma hora pelo bosque e não ver nada digno de nota. Eu, que sou cega, descubro centenas de coisas: a delicada simetria de uma folha, a casca suave de uma bétula, a cortiça áspera de um pinheiro. Eu, que não posso ver, aconselho aos que podem: usem seus olhos como se amanhã fossem perdê-los.

Ouçam a música das vozes, a canção do passarinho e os sons poderosos da orquestra como se amanhã fossem ficar surdos.

Toquem cada objeto como se amanhã fossem perder o tato.

Aspirem o perfume das flores e degustem cada bocado de alimento como se nunca mais pudessem degustar ou aspirar novamente.

Extraiam o máximo possível de cada sentido.

Glória a todos os aspectos, a todos os prazeres, a toda a beleza que o mundo nos revela!"

"Quando tomamos a direção de nossos sonhos, encontramos o sucesso nos momentos mais inesperados."

— HENRY DAVID THOREAU

Autorizações e Créditos
Esta página constitui uma extensão da página de copyright.

Animação de Snowden/Fine Productions, ver pp. 11, 17, 21, 52-5, 65 e 94-95.
Animação de Fabrika, ver pp. 86 e 133.
Desenhos de Chuck Jones, ver pp. 38, 39, 82 e 153.
A IBM forneceu generosamente a fotografia que aparece na p. 35.

Judy MacCready, ver p. 32.
Karen Heilman, ver p. 35.
David Edwards, ver p. 42.
Cortesia da Comunidade Reggio Emilia, ver pp. 49, 74.
Movie Star News, ver p. 89.
Harikzu Omichi1, ver p. 109.
Mary Bloom, ver pp. 129, 144.
John Running, ver p. 132.
Dorothea Lange/ FPG, ver p. 138.
Sheridan M. Tatsuno, ver p. 141.
Robert Rodriguez, ver p. 143.
Star Black, ver p. 146.

Somos muito gratos pela permissão
de citar excertos das seguintes obras:

My Religion, de Helen Keller.
Reeditado com autorização da Swedenborg Foundation, Inc.
"Three Days to See", copyright © 1933 Helen Keller,
como foi publicada originalmente em *Atlantic Monthly* em janeiro de 1933.
Reeditado com autorização da *Atlantic Monthly*.
Uma adaptação de um trecho de *Dorothea Lange:
Life Through the Camera* de Milton Meltzer.
Copyright do texto © 1985 Milton Meltzer.
Citado com autorização da Viking Penguin,
uma divisão da Penguin Books USA, Inc.

IMPRESSÃO E ACABAMENTO
COMETA GRÁFICA EDITORA
TEL/FAX - 11 2062.8999
www.cometagrafica.com.br